Guarda de filhos

Blucher

Série Conhecimento

Guarda de filhos

Tânia Nigri

Guarda de filhos

Imagem da capa iStockphoto

Segundo o Novo Acordo Ortográfico, conforme 6. ed. do Vocabulário Ortográfico
da Língua Portuguesa, Academia Brasileira de Letras, julho de 2021.

Publisher Edgard Blücher
Editores Eduardo Blücher e Jonatas Eliakim

Coordenação editorial Andressa Lira
Produção editorial Kedma Marques
Preparação de texto Bárbara Waida
Diagramação Thaís Pereira
Revisão de texto Lidiane Pedroso Gonçalves
Capa Laércio Flenic
Projeto gráfico da capa Leandro Cunha

DADOS INTERNACIONAIS DE CATALOGAÇÃO NA PUBLICAÇÃO (CIP)
Angélica Ilacqua CRB-8/7057

Nigri, Tânia
Guarda de filhos / Tânia Nigri. – São Paulo : Blucher, 2024.
102 p. (Série Conhecimento)

Bibliografia
ISBN 978-85-212-2113-5

1. 1. Guarda de menores - Brasil 2. Guarda compartilhada - Brasil 3. Direito de família – Brasil I. Título II. Série

23.6000 CDD 346.81018

Índice para catálogo sistemático:
1. Guarda de menores - Brasil

Blucher

Rua Pedroso Alvarenga, 1245, 4º andar
04531-934 – São Paulo – SP – Brasil
Tel.: 55 11 3078-5366
contato@blucher.com.br
www.blucher.com.br

CONTEÚDO

INTRODUÇÃO

Quando um casal que tem filhos menores ou incapazes[1] decide se separar,[2] ou mesmo quando não há um relacionamento amoroso, mas há filhos comuns, uma das questões mais importantes a ser definida é a guarda das crianças e o seu convívio com ambos os pais, já que vários estudos demonstram os efeitos negativos que a ausência de um dos genitores[3] pode ter no desenvolvimento emocional e social desses filhos. Assim, a lei e os tribunais brasileiros vêm tentando garantir um

1 De acordo com o artigo 3º do Código Civil, são considerados *absolutamente incapazes* os menores de dezesseis anos e *incapazes relativamente a certos atos ou à maneira de exercê-los* os maiores de dezesseis e menores de dezoito anos; os ébrios habituais e os viciados em tóxico; aqueles que, por causa transitória ou permanente, não puderem exprimir sua vontade; e os pródigos.

2 O direito prevê quatro formas de separação, sendo elas: divórcio, dissolução de união estável, separação judicial e separação de fato. O divórcio é o processo que dissolve o vínculo conjugal, ou seja, o casamento está formalmente dissolvido e ambos podem se casar novamente; a dissolução de união estável é o modo legal de terminar o relacionamento constituído sob a forma de união estável (com ou sem contrato) e, ao final, ambos podem se casar novamente; a separação judicial é um meio de se encerrar formalmente o casamento, mas as partes não podem se casar novamente sem que seja proposta a ação de divórcio; por fim, a separação de fato é aquela que ocorre quando o casal passa a viver separado, o casamento acaba, mas eles continuam casados "no papel". Sobre esses assuntos, ver *União estável* (Nigri, 2020) e *Divórcio* (Nigri, 2022), ambos lançados pela Série Conhecimento.

3 De acordo com o *Dicionário Aulete Digital*, genitor é: "1. Aquele que gera ou gerou; pai biológico, 2. Jur. O pai ou a mãe de uma pessoa". Disponível em: https://www.aulete.com.br/genitor.

A lei e os tribunais brasileiros vêm tentando garantir um maior convívio dos pais com os filhos, evitando, assim, a figura do "pai de selfie" ou "pai de domingo", e essa aproximação tem sido incrementada com a aprovação da guarda compartilhada.

maior convívio dos menores com ambos os pais, evitando, assim, a figura do "pai de selfie" ou "pai de domingo".

Apesar de a guarda compartilhada ter sido inserida no direito brasileiro pelo Código Civil de 2002, a implementação desse dispositivo não era obrigatória, diferentemente de outros países, que já lhe davam aplicabilidade há bastante tempo. Então, em 2008, foi aprovada a Lei n. 11.698, que também tratava do tema, mas apenas em 2014, com a aprovação pelo Congresso Nacional da Lei n. 13.058, foi instituída a necessidade de que, sempre que possível, fosse fixada a regra da guarda compartilhada para proporcionar a menores e incapazes a oportunidade de continuar a conviver com ambos os genitores após a separação, bem como para que os pais, e não apenas as mães, tenham responsabilidade sobre a vida dos seus filhos.[4]

A guarda dos filhos não é a custódia física deles, como muita gente pensa, mas o conjunto de direitos e responsabilidades que os pais têm em relação a eles, cabendo-lhes criar, sustentar, proteger, educar, amar e vigiar, enquanto menores ou incapazes. A guarda também consiste no dever, que devem ter ambos os pais, de resguardar os interesses dos filhos, mantendo os necessários zelo e vigilância nas questões escolares, psicológicas, médicas, sociais etc.

4 Em 30 de outubro de 2023 foi aprovada a Lei nº 14.713, para incluir o risco de violência doméstica como exceção à regra da guarda compartilhada.
Se houver prova de risco à vida, saúde, integridade física ou psicológica da criança ou do outro genitor, a guarda deverá ser entregue aquele que não seja o responsável pela situação de violência doméstica ou familiar.

O dever de guarda é de fundamental importância e não pode ser dispensado nem mesmo quando os genitores mantêm um relacionamento difícil entre si, devendo os pais ou responsáveis zelar para que crianças e adolescentes convivam de forma harmônica e saudável com ambos. A falta de observância pelos pais dos deveres de cuidado e proteção em relação aos filhos configura o crime de abandono de incapaz e para o início da ação penal, que está prevista no artigo 133 do Código Penal, basta o risco em potencial sofrido pelo menor, já que o risco efetivo sofrido por ele será verificado no curso da ação penal.[5]

A decisão sobre a guarda deverá sempre contar com a presença de um juiz, ou seja, mesmo que as partes concordem sobre o tipo de guarda, esse acordo precisará ser homologado pelo poder judiciário. É importante registrar, também, que qualquer modalidade de guarda pode ser revista a qualquer tempo por uma das partes, por ambas, ou até mesmo pelo Ministério Público, caso o órgão entenda que a permanência da criança ou do adolescente com determinado genitor seja desaconselhada.

5 Esse foi o entendimento da 6ª Turma do Superior Tribunal de Justiça (STJ), ao negar provimento do recurso em *Habeas Corpus* (RHC) n. 160.809, ajuizado por uma mãe que abandonou o filho após retirá-lo do carro da família depois de uma discussão. O caso aconteceu em Ilhabela (SP), quando a família se preparava para fazer um passeio de barco. O menor, de 13 anos, brigou com a mãe por causa do padrasto. O casal decidiu que ele não merecia passear. Com isso, abandonaram-no na mesma rua onde estavam hospedados. O menor ligou para o pai, que o orientou a chamar a polícia. Ele foi recolhido pelo conselho tutelar, que só conseguiu entrar em contato com a mãe muitas horas depois, à noite. O filho passou a noite em um abrigo e foi recolhido pelo genitor no dia seguinte (Verbo Jurídico, 2022).

De acordo com o Código Civil, a guarda pode ser unilateral ou compartilhada. Ela é unilateral quando apenas um dos genitores tem a responsabilidade de tomar as decisões importantes sobre a vida dos filhos, enquanto o outro mantém o direito de conviver, visitar[6] e supervisionar as decisões, tendo a obrigação, também, de contribuir para o seu sustento, por meio do pagamento da pensão alimentícia. Já na guarda compartilhada, as responsabilidades deverão ser repartidas pelos pais e todas as decisões relacionadas aos filhos deverão ser tomadas por ambos, havendo, em regra, a necessidade de pagamento de pensão por parte daquele que não reside com os menores ou incapazes.

É importante esclarecer um equívoco muito difundido, o de que na guarda compartilhada há a necessidade de os filhos passarem metade da semana na casa de cada um dos genitores ou de que desfrutem do mesmo período com ambos os pais. Essa informação decorre da confusão entre "guarda compartilhada" e "custódia física conjunta", que são duas coisas diferentes. Na guarda compartilhada, será fixada a residência de referência dos filhos na casa de apenas um dos

6 Está em análise na Câmara dos Deputados o Projeto de Lei n. 45/2023, que substitui, no Código Civil, a expressão "direito de visitas" por "direito de convivência familiar" na parte que trata da guarda unilateral dos filhos por um dos cônjuges. De acordo com o autor do projeto, o deputado Fernando Marangoni (União-SP), a primeira expressão é antiga e não traduz a verdadeira ideia de convívio familiar e afetividade. O projeto será analisado em caráter conclusivo pelas comissões de Previdência, Assistência Social, Infância, Adolescência e Família, de Constituição e Justiça e de Cidadania (Assessoria de Comunicação do IBDFAM, 2023).

genitores, tendo o outro livre acesso aos menores e amplo direito de convivência.[7]

Desde 2014, a guarda compartilhada tornou-se a regra no direito brasileiro pois o legislador entendeu que essa seria a modalidade que melhor atenderia aos interesses das crianças. De acordo com o entendimento do Superior Tribunal de Justiça (STJ), o bom convívio entre os ex-companheiros ou ex-cônjuges não é indispensável para que a guarda compartilhada seja determinada pelo juiz, ou seja, mesmo que os genitores não se deem bem, a guarda compartilhada deverá ser adotada e só poderá ser dispensada em casos de absoluta impossibilidade,[8] em caso de renúncia a essa prerrogativa por um dos genitores[9] ou em caso de risco de violência doméstica.

7 Recente decisão do STJ, em julgamento realizado em 23 de junho de 2022, entendeu que a guarda compartilhada impõe o compartilhamento de responsabilidades, não se confundindo com a custódia física conjunta da prole ou com a divisão igualitária de tempo de convivência dos filhos com os pais (o número desse processo não é divulgado em razão de segredo judicial).

8 Por exemplo, quando pai ou mãe tem a suspensão ou a perda do poder, ou seja, é considerado completamente inapto para exercer a guarda.

9 LEI Nº 14.713, DE 30 DE OUTUBRO DE 2023. Altera as Leis nºs 10.406, de 10 de janeiro de 2002 (Código Civil), 13.105, de 16 de março de 2015 (Código de Processo Civil), para estabelecer o risco de violência doméstica ou familiar como causa impeditiva ao exercício da guarda compartilhada, bem como para impor ao juiz o dever de indagar previamente o Ministério Público e as partes sobre situações de violência doméstica ou familiar que envolvam o casal ou os filhos: O PRESIDENTE DA REPÚBLICA. Faço saber que o Congresso Nacional decreta e eu sanciono a seguinte Lei: Art. 1º O § 2º do art. 1.584 da Lei nº 10.406, de 10 de janeiro de 2002 (Código Civil), passa a vigorar com a seguinte redação: "Art. 1.584. § 2º Quando não houver acordo entre a mãe e o pai quanto à guarda do filho, encontrando-se ambos os genitores aptos a

Desde 2014, a guarda compartilhada tornou-se a regra no Direito Brasileiro, mas ela deverá ser fixada observando-se sempre o melhor interesse da criança.

É importante notar que, na hipótese de um dos genitores descumprir a regra da guarda sem justificativa plausível, o juiz poderá reduzir seu direito e, caso seja verificado que o filho não deve permanecer nem com pai, nem com a mãe, o magistrado dará a guarda a quem tiver melhores condições de desempenhar esse papel, dando preferência a alguém da família, ou à pessoa que tenha uma relação de afinidade e afetividade com os menores.

Apesar de a lei brasileira só prever a guarda unilateral e a guarda compartilhada, duas outras modalidades têm sido utilizadas com alguma frequência: a guarda de nidação ou aninhamento e a guarda alternada. Na guarda de nidação, os filhos permanecem na mesma moradia, possuindo um lar fixo, enquanto os pais se revezam alternadamente. Na guarda alternada, há uma distribuição do tempo que as crianças ficarão com cada genitor e a guarda será exclusiva de quem

exercer o poder familiar, será aplicada a guarda compartilhada, salvo se um dos genitores declarar ao magistrado que não deseja a guarda da criança ou do adolescente ou quando houver elementos que evidenciem a probabilidade de risco de violência doméstica ou familiar." (NR);
Art. 2º A Lei nº 13.105, de 16 de março de 2015 (Código de Processo Civil), passa a vigorar acrescida do seguinte art. 699-A: Art. 699-A. Nas ações de guarda, antes de iniciada a audiência de mediação e conciliação de que trata o art. 695 deste Código, o juiz indagará às partes e ao Ministério Público se há risco de violência doméstica ou familiar, fixando o prazo de 5 (cinco) dias para a apresentação de prova ou de indícios pertinentes. Art. 3º Esta Lei entra em vigor na data de sua publicação. Brasília, 30 de outubro de 2023; 202º da Independência e 135º da República. Luiz Inácio Lula da Silva, Silvio Luiz de Almeida, Flávio Dino de Castro e Costa, Aparecida Gonçalves. Presidente da República Federativa do Brasil.

estiver com os menores naquele momento, mas essa modalidade vem encontrando grande resistência no poder judiciário e no Ministério Público, especialmente porque ela não tem previsão no direito brasileiro e por ser considerada, por alguns, como inadequada para os filhos.

A guarda poderá ser acertada pelas partes (e homologada pelo juiz) ou requerida judicialmente na ação de separação, divórcio, dissolução de união estável ou regulamentação de visitas ou em medida cautelar própria. Sempre que não houver acordo e ambos os genitores estiverem aptos a exercer o poder familiar, será aplicada a regra geral da guarda compartilhada, salvo se um dos genitores declarar ao magistrado que não deseja ter a guarda dos filhos ou se houver o risco de violência doméstica ou familiar.

Quando o juiz recebe uma ação em que se discute a guarda de crianças, deverá determinar que ambos os genitores se manifestem sobre a questão, somente sendo dispensado esse direito ao contraditório em situações emergenciais nas quais se necessite proteger o interesse da criança ou do adolescente. Nesses casos, quando a demora na decisão puder acarretar danos irreparáveis (por exemplo, negligência ou abuso), o juiz poderá conceder a guarda a um dos genitores, por meio de decisão liminar, sem ouvir os argumentos do outro.

Essas decisões liminares são excepcionais e devem ser concedidas de forma provisória, sendo necessária a designação imediata de audiência, quando o juiz ouvirá os argumentos de ambas as partes para decidir como ficará a guarda, levando sempre em consideração o melhor interesse das crianças.

Há muita mística em torno do novo casamento ou união estável daquele que tem a guarda dos menores ou incapazes, por isso é importante registrar que, em regra, o pai ou a mãe que se casar novamente ou vier a viver um relacionamento de união estável não perderá a guarda dos filhos, nem terá modificada a modalidade da guarda, desde que eles sejam bem tratados após o novo matrimônio.

A visitação e a convivência são direitos assegurados a todos os pais, mães e avós,[10] pois a manutenção do vínculo afetivo entre eles é o objetivo maior da lei, e os tribunais vêm estendendo essa prerrogativa a tios, padrinhos e irmãos, visando permitir que a criança mantenha laços de afeto.

A guarda compartilhada tem como principal objetivo a igualdade na tomada de decisões em relação aos filhos, visando preservar ao máximo os direitos e os deveres relativos à autoridade parental (Van Dal; Bondezan, 2019). Dessa forma, com a ampla convivência dos filhos com ambos os genitores, é maior a possibilidade de ampliação dos laços familiares entre pais e filhos[11] e menor a chance de um dos genitores praticar

10 (TJ-SP - AC: 10079532320198260037 SP 1007953-23.2019.8.26.0037, Relator: Márcio Boscaro, Data de Julgamento: 11/06/2021, 10ª Câmara de Direito Privado, Data de Publicação: 11/06/2021)

11 "Apesar de a separação ou do divórcio usualmente coincidirem com o ápice do distanciamento do antigo casal e com a maior evidenciação das diferenças existentes, o melhor interesse do menor, ainda assim, dita a aplicação da

a alienação parental[12] em relação ao outro. Existe muita controvérsia em torno do conceito de alienação parental, inclusive recentemente a ONU emitiu um parecer para o governo brasileiro recomendando a revogação da lei da alienação parental (LAP). Qualquer tipo de abuso sexual é de difícil comprovação e, mesmo quando há comprovação, sabemos como os tribunais são machistas e dificilmente há responsabilização do abusador, de modo que a LAP muitas vezes é usada de má fé por abusadores para manter o acesso à vítima.

A guarda compartilhada também foi adotada como regra pelo direito brasileiro para ser um antídoto contra a alienação parental, já que ambos os genitores detêm o "poder familiar" e ele deve ser respeitado.[13] De acordo com a lei brasileira, enquanto menores, os filhos estão sujeitos ao poder familiar, mas, diante de certas situações excepcionais, esse poder familiar pode vir a ser extinto ou suspenso.

A suspensão pode ocorrer se os pais abusarem de sua autoridade, faltando aos seus deveres legais ou arruinando os bens dos filhos, bem como se forem condenados por sentença irre-

guarda compartilhada como regra, mesmo na hipótese de ausência de consenso" (REsp n. 1.251.000 - MG).

12 Disponível em: https://www.ohchr.org/sites/default/files/2022-11/2022-11-04-media-statement-Brasil-un-experts-women-girls-portuguese_0.pdf.

13 O poder familiar era chamado anteriormente de "pátrio poder" e, segundo Maria Helena Diniz (2012), consiste num conjunto de direitos e obrigações, quanto à pessoa e aos bens do filho menor não emancipado, exercidos em igualdade de condições por ambos os pais, para que possam desempenhar os encargos que a norma jurídica lhes impõe, tendo em vista o interesse e a proteção dos filhos.

corrível, em virtude de crime cuja pena exceda dois anos de prisão. Já a perda do poder familiar pode ocorrer quando o genitor castigar imoderadamente o filho, deixá-lo em situação de abandono, praticar atos contrários à moral e aos bons costumes, incidir reiteradamente nas hipóteses de suspensão ou entregar de forma irregular o filho a terceiros para fins de adoção.

Por fim, como já dissemos anteriormente, na guarda compartilhada não se exige a custódia física conjunta da criança. Por essa razão, o STJ decidiu ser possível que esse regime seja fixado mesmo quando os pais moram em países diferentes, por entender ser possível o contato constante da criança com o outro genitor, bem como a distribuição de responsabilidades entre ambos os pais, graças à possibilidade irrestrita de videochamadas e outros meios tecnológicos de conversação entre pais e filhos.

GUARDA COMPARTILHADA

Antes de explicarmos o que é guarda compartilhada, precisamos desfazer um equívoco muito comum no Brasil, onde se acredita que ela seria a modalidade de guarda em que crianças e adolescentes morariam tempos iguais com o pai e com a mãe, alternando-se entre ambas as residências. Esse modo de guarda não é a guarda compartilhada, mas a "guarda alternada" ou a guarda compartilhada com residências alternadas, sobre as quais falaremos mais adiante e que são objeto de forte crítica por parte de psicólogos, juízes e promotores, que acreditam que essas mudanças constantes de residência, sem um lar de referência, afetariam de forma negativa o crescimento saudável dos menores.

Desfeito esse equívoco, vamos explicar o que é a tão mal compreendida guarda compartilhada. Ela nada mais é do que a supervisão conjunta (por ambos os genitores) da vida cotidiana dos filhos, em relação à prestação de assistência moral, material e educacional e aos cuidados necessários para que eles se tornem adultos mais seguros e saudáveis.

Nos dizeres de Washington de Barros Monteiro e Regina Beatriz Tavares da Silva (2016), na guarda compartilhada:

> *ambos os genitores participam igualitariamente da educação e de todos os deveres e direitos perante*

A guarda compartilhada não é a modalidade em que as crianças e adolescentes moram metade do tempo com o pai e a outa metade com a mãe. Isso se chama "residência alternada".

> *a prole. É a solução que privilegia os laços entre pais e filhos. Nessa espécie, ambos os pais mantêm a guarda dos filhos após a dissolução da comunhão de vidas no casamento ou na união estável, ou mesmo em caso de filhos havidos de relação que não seja uma entidade familiar, de maneira que ambos mantêm a responsabilidade pela tomada de decisões. (p. 43)*

Assim, na guarda compartilhada, a criança possui residência fixa, determinada pelo juiz, garantindo-lhe uma referência de lar para suas relações da vida, e o genitor que não possui a custódia física exerce o seu direito de convivência, que pode ser estabelecido, por exemplo, em dois dias na semana, aos fins de semana ou de quinze em quinze dias. Cabe ao outro genitor respeitar esse direito, ainda que os pais não mantenham contato ou que a relação entre ambos não seja boa (CNJ, 2016).

Para que o poder judiciário fixe a guarda unilateral e não a guarda compartilhada, as brigas entre os pais precisam ser suficientemente graves, não sendo os simples desentendimentos, tão comuns entre ex-cônjuges e ex-companheiros, suficientes para isso. Essa questão chegou ao Superior Tribunal de Justiça (STJ), quando o ministro Paulo de Tarso Sanseverino afirmou que a simples menção a um estado de brigas entre o casal separado não pode ser utilizada pelo juiz como fundamento para indeferir a guarda compartilhada e ser fixada a guarda unilateral em favor do pai ou da mãe. De acordo com o ministro, "Os motivos aptos a justificar a supressão da guarda de um dos genitores devem ser graves o suficiente para comprometer o convívio saudável com os filhos, como ameaça de morte, agressão física, assédio sexual, uso de drogas etc.".[1]

Como já dissemos anteriormente, a guarda compartilhada não implica custódia física conjunta, nem convívio igualitário de tempo, comportando modos flexíveis de implementação, especialmente em relação ao regime de convivência ou de visitas, e um magistrado deverá fixá-los ou homologar o acordo feito pelas partes.

Já com relação à pensão alimentícia, vigora uma falsa ideia de que na guarda compartilhada não haveria a obrigação de pagamento desta. A separação judicial, a dissolução da união estável e o divórcio encerram o relacionamento do casal, mas eles não alteram o vínculo jurídico entre pais e filhos, nem a obrigação de sustento de crianças, adolescentes e incapazes por ambos os genitores.

Portanto, a pensão alimentícia na guarda compartilhada deverá seguir os critérios legais e ambos devem prover, na medida das suas possibilidades, o sustento dos filhos, sendo bastante equivocada a ideia generalizada de que a obrigação de pagamento de alimentos deixa de existir na guarda compartilhada, o que seria um contrassenso, já que a responsabilidade legal e financeira de ambos os pais se mantém.

1 Os números dos processos citados não são informados em razão de segredo judicial.

A guarda compartilhada é a supervisão conjunta (por ambos os genitores) da vida cotidiana dos filhos no que se refere à prestação de assistência moral, material, educacional e os cuidados necessários para que eles se tornem adultos mais seguros e saudáveis.

A pensão alimentícia na guarda compartilhada deverá seguir os critérios legais e ambos os genitores devem auxiliar, na medida das suas possibilidades financeiras, no sustento dos filhos.

A partir da vigência da Lei n. 13.058/2014, a guarda compartilhada foi adotada como regra, mas ainda há alguma resistência, especialmente por parte de algumas mães, em aceitá-la, como ocorreu no julgamento do Recurso Especial (REsp) n. 1.877.358/SP, realizado em 4 de maio de 2021, cuja relatora foi a ministra Nancy Andrighi, em que o pai pretendia a guarda compartilhada e a mãe se opunha à sua implementação, o que o fez buscar a Justiça.

Em primeira instancia, o juiz concedeu parcial ganho de causa ao pai e estabeleceu o regime de guarda compartilhada, com a residência do menor na casa da mãe. A genitora apelou dessa decisão, alegando a impossibilidade de guarda compartilhada pela falta de diálogo entre os pais, pedindo a fixação da guarda unilateral em seu favor.

O Tribunal de Justiça de São Paulo (TJSP) acolheu o apelo da genitora, assinalando ser inegável que a convivência do menor com os pais seria a hipótese ideal, mas, em razão dos problemas de relacionamento, seria inviável essa solução, além de considerar o desejo do filho, que havia sido ouvido pelo setor técnico do tribunal e declarado que desejava permanecer na companhia da mãe, com visitas do pai.

Inconformado com essa decisão, o pai apresentou recurso especial ao STJ, alegando que a fixação da guarda compartilhada é obrigatória quando ambos os genitores estão aptos ao exercício do poder familiar e que o desejo do filho ou o relacionamento conflituoso entre os pais não representariam óbices ao deferimento da guarda compartilhada.

A relatora do recurso, concordando com a tese apresentada pelo pai, entendeu que apenas duas condições poderiam impedir a aplicação da guarda compartilhada, sendo elas a inexistência de interesse de um dos cônjuges e a incapacidade de um dos genitores para exercer o poder familiar (que só pode ser declarada por um juiz de direito). Tendo em vista que essas duas condições não ocorreram, já que não foi comprovada a inaptidão do pai para exercer a guarda e nem houve a renúncia de um dos genitores à guarda compartilhada, o pai deveria ganhar a causa.

Desse modo, a ministra disse que a guarda compartilhada tem um caráter educativo e pedagógico, tanto em relação aos filhos quanto em relação aos pais, devendo prevalecer sempre o melhor interesse da criança ou do adolescente e não o interesse dos pais. Por fim, explicou que a implementação da guarda compartilhada não se sujeita à existência de bom e harmonioso relacionamento entre os genitores, não havendo qualquer incompatibilidade entre o desejo do menor de residir com um dos genitores e a fixação da guarda compartilhada.

GUARDA UNILATERAL

A guarda unilateral[1] é um modelo de guarda em que apenas um dos pais tem a prerrogativa de tomar as decisões sobre a vida dos filhos (crianças, adolescentes ou incapazes), sendo dado ao outro o direito de conviver, visitar, ter seus filhos consigo em alguns dias da semana ou finais de semana, além de lhe caber a obrigação de pagar a pensão alimentícia, na medida das suas possibilidades e das necessidades dos filhos.[2]

Essa modalidade é, atualmente, tida como exceção, aplicando-se a poucas situações, já que a regra deve ser a guarda compartilhada. A guarda unilateral consiste em atribuir a apenas um dos genitores as decisões mais relevantes sobre a gestão da vida dos filhos e poderá ser fixada pelo juiz na hipótese de um dos pais não querer a guarda compartilhada ou não possuir condições para tal, seja por doença grave, dependência química, alcoolismo, ou ainda quando há a prática de maus tratos, abandono material ou afetivo ou ausência de condições mínimas para que o genitor garanta o cuidado das crianças.

1 Segundo a redação dada pela Lei n. 11.698/2008: "Art. 1.583. A guarda será unilateral ou compartilhada. § 1º Compreende-se por guarda unilateral a atribuída a um só dos genitores ou a alguém que o substitua (art. 1.584, § 5º) e, por guarda compartilhada a responsabilização conjunta e o exercício de direitos e deveres do pai e da mãe que não vivam sob o mesmo teto, concernentes ao poder familiar dos filhos comuns".

2 Sobre pensão alimentícia, ver *Pensão alimentícia* (Nigri, 2023), também da Série Conhecimento.

Em 30 de outubro de 2023, foi aprovada a Lei nº 14.713, alterando o Código Civil e o Código de Processo Civil, para estabelecer que o risco de violência doméstica ou familiar também é uma causa que impede a guarda compartilhada, devendo o juiz fixar a guarda unilateral.

O magistrado, ao analisar a guarda dos filhos, deverá indagar previamente o Ministério Público e as partes envolvidas sobre situações de violência doméstica ou familiar que envolvam o casal ou os filhos.[3]

Na guarda unilateral, apenas aquele que tem a guarda tomará as decisões sobre a escola onde os filhos estudarão, o tratamento médico mais adequado, as viagens que farão, a necessidade de tratamento psicológico etc. Isso não significa, entretanto, que o outro não terá acesso aos filhos, pois a lei assegura o direito de convivência e de supervisão dos interesses dos menores, inclusive solicitando informações sobre todos os assuntos relacionados a eles, além da obrigação de pagar a pensão alimentícia.

Uma vez instituído, o regime de guarda poderá ser mudado pelo juiz, desde que haja um motivo que justifique a mudança ou caso haja a concordância do outro genitor.

A lei brasileira determina que, em caso de ser deferida a guarda unilateral, ela deverá ser concedida ao genitor que revele melhores condições para exercê-la e maior aptidão para propiciar aos filhos afeto, saúde, proteção, segurança e educação.

3 Sobre a nova Lei nº 14.713 sancionada em 30 de outubro de 2023, ver nota de rodapé nº 9 nas páginas 12 e 14.

A grande jurista Maria Berenice Dias[4] tem sérias críticas à fixação da guarda unilateral em razão da renúncia da guarda por um dos genitores. Ela chama atenção para o absurdo de a lei admitir que um dos pais, sem a necessidade de apresentar qualquer justificativa, simplesmente abdique da guarda do filho e ainda assim mantenha a prerrogativa de solicitar informações ou prestação de contas sobre assuntos ou situações que afetem a saúde física e psíquica e a educação dos filhos, conforme prevê o artigo 1.583, § 5º, do Código Civil. De acordo com a lei brasileira, portanto, quem não assume a responsabilidade pela guarda tem o direito de cobrar e fiscalizar a atuação de quem sozinho assumiu os ônus e os encargos para com os filhos, o que não parece nada justo.

O Estatuto da Criança e do Adolescente (ECA) atribui o exercício da autoridade parental em igualdade de condições a ambos os pais, impondo aos dois o dever de sustento, guarda e educação dos filhos, além de responsabilidades compartilhadas no cuidado e na educação deles (artigo 22, parágrafo único do ECA), portanto, sequer seria possível que os pais, por consenso, atribuam a somente um deles a guarda unilateral. Para a jurista, nesses casos, o Ministério Público e o juiz não poderiam autorizar esse tipo de acordo, já que, nessa situação, o genitor que renuncia à guarda estaria renunciando aos deveres inerentes ao poder familiar, cometendo, em tese, abuso de

4 Guarda unilateral e o princípio do melhor interesse. Disponível em: https://www.conjur.com.br/2023-fev-18/maria-berenice-dias-guarda-unilateral-melhor-interesse. Acesso em 16/9/2023.

autoridade, o que poderia ensejar não só a suspensão, mas até mesmo a perda do poder familiar, além da prática do crime de abandono afetivo, previsto no artigo 133 do Código Penal.

Dispõe o artigo 1.631 do Código Civil que, durante o casamento e a união estável, compete o poder familiar a ambos os pais e, na falta ou impedimento de um deles, o outro o exercerá com exclusividade. A lei dispõe, também, que se houver divergência entre os pais quanto ao exercício do poder familiar, é assegurado a qualquer deles que recorra ao juiz para que ele decida a questão.

Assim, Maria Berenice Dias entende ser possível a guarda unilateral tão somente se ela fosse imposta pelo juiz e nas situações em que ficasse claramente comprovado, por estudo técnico-profissional de equipe interdisciplinar, que a convivência com um dos genitores colocaria o filho em situação de sofrimento ou de perigo.

Já sabemos que a guarda compartilhada deverá ser a regra, mas, quando não houver consenso entre as partes, caberá ao poder judiciário decidir qual é o melhor modelo para aquele caso, analisando as especificidades que envolvem a relação entre pais e filhos, para concluir qual modalidade de guarda vai ao encontro do melhor interesse da criança – que, em situações especiais e bastante raras, pode vir a ser a guarda unilateral.[5]

Apesar de os julgados do STJ se inclinarem no sentido de ser fixada a guarda compartilhada, independentemente da vontade

5 Será sempre unilateral a guarda quando houver risco de violência doméstica.

dos genitores ou do acordo entre os genitores, o instituto não deve prevalecer quando ela for prejudicial aos interesses da criança, como no entendimento da 3ª Turma do Superior Tribunal de Justiça (STJ) ao manter a decisão que fixou a guarda unilateral de uma criança com o pai. No caso levado a julgamento, a mãe recusou-se a submeter a criança a tratamento psicoterápico; havia uma intensa disputa entre os genitores em relação aos interesses da filha e, segundo informações colhidas pelos profissionais, a criança preferia ficar com o pai, pois sofria com o isolamento e o tratamento inadequado que recebia quando estava na companhia da mãe.

O pai ajuizou a ação judicial visando obter a guarda da filha, que, segundo afirmava, sofria atos de alienação parental por parte da mãe. O juiz de primeira instância fixou a guarda compartilhada, determinando que a criança morasse com o pai e estabelecendo um regime de visitas da mãe, condicionando o aumento desses encontros ao início do seu tratamento psicoterápico.

Ambos apelaram da decisão e o Tribunal de Justiça de São Paulo (TJSP) acolheu o recurso do genitor, fixando a guarda unilateral da criança a seu favor. Inconformada com essa decisão, a mãe recorreu alegando que o compartilhamento da guarda não está condicionada ao convívio amistoso entre os pais. Segundo ela, as duas únicas exceções à guarda compartilhada seriam quando um dos pais não a deseja e quando um deles não é capaz de exercer o poder familiar.

O STJ decidiu que, no momento de decidir sobre o tipo de guarda, o juiz deve analisar as especificidades que envolvem a relação entre pais e filhos e, sobretudo, considerar o princípio constitucional do melhor interesse da criança, que pode levar inclusive ao estabelecimento da guarda unilateral, e manteve a decisão do TJSP, que fixou a guarda unilateral da criança com o pai.[6]

6 O número deste processo não é divulgado em razão de segredo judicial.

GUARDA ALTERNADA

Enquanto na guarda compartilhada haverá o compartilhamento das decisões e responsabilidades sobre os filhos, sem a necessidade de as crianças e os adolescentes residirem com ambos os genitores, na guarda alternada, eles se dividirão entre as duas residências, e o genitor que estiver com a custódia física dos menores terá a responsabilidade pelas decisões, de modo individual e exclusivo.

Na guarda alternada há tempos predefinidos para que os filhos estejam fisicamente com seus genitores. Por exemplo, a criança ou adolescente passa três meses com cada genitor, permanecendo janeiro, fevereiro e março com a mãe e abril, maio e junho com o pai. Nos meses em que estiver com a mãe, o pai conviverá com ela e poderá tê-la em sua residência por alguns dias, mas não tomará as decisões relacionadas a ela, que serão de responsabilidade exclusiva da mãe, acontecendo o oposto quando o menor estiver sob a guarda do pai.

Outra alternativa seria a criança ficar uma semana com a mãe e se mudar para a residência do pai na semana seguinte, mas outros arranjos também são possíveis. Essa modalidade de guarda não está prevista expressamente na lei brasileira, principalmente pela dificuldade na sua implementação, já que ela exige uma boa comunicação e cooperação entre os pais para garantir a transição suave de uma residência para outra e a continuidade do envolvimento de ambos na vida dos filhos.

Muitos profissionais do direito reputam desaconselhável a implementação da guarda alternada, por ela dificultar a vida de crianças e adolescentes, já que terão de mudar constante de residência, não terão um lar de referência, haverá necessidade de constante deslocamento e mudança de rotina (a implementada pelo pai e a desejada pela mãe), além da necessidade de adaptação às diferentes regras e expectativas de cada casa.

O Superior Tribunal de Justiça (STJ) já teve a oportunidade de se manifestar sobre a diferença entre guarda compartilhada e guarda alternada e entendeu que na primeira não há a necessidade de custódia física conjunta, nem de igualdade no tempo de convívio, podendo ser fixadas diversas formas de implementação do regime de convivência e de visitação, sempre levando em conta as circunstâncias de cada família individualmente.

Em julgamento realizado pela 6ª Câmara de Direito Privado do Tribunal de Justiça de São Paulo (TJSP),[1] foi negada a intenção do genitor de mudar a guarda da filha de compartilhada, com residência fixa na casa da mãe, para alternada, com a menor ficando seis meses na casa de cada um dos genitores.

O tribunal entendeu que o regime da guarda alternada não atenderia às necessidades da menor, podendo causar sofrimento psíquico, com a constante necessidade de se adaptar e readaptar a

1 O número deste processo não é divulgado em razão de segredo judicial.

duas rotinas diferentes (casas materna e paterna), destacando que muitos psicanalistas defendem que uma criança, principalmente quando pequena, necessita de rotina e é desejável que os cuidadores, os espaços que tenha de frequentar e os horários sejam os mesmos e de conhecimento da criança, concluindo-se que a guarda alternada, principalmente para crianças, é medida bastante prejudicial para o desenvolvimento biopsicossocial.

O Ministério Público, ao opinar sobre essa demanda judicial, entendeu que a solução atenderia apenas aos interesses dos pais, que disporiam de igualdade de tempo em que permaneceriam com a menor, mas essa modalidade seria extremamente desfavorável à criança, assinalando:

> *Ora, a criança não pode ser considerada como um bem amealhado no curso do relacionamento e que deve ser partilhado com a sua ruína.*
> *Ao revés, é um ser humano em desenvolvimento dotado de direitos fundamentais, o que impõe a observância ao Princípio do "Melhor Interesse da Criança". (AC n. 1001637-76.2017.8.26.0291/SP)*

Há, porém, alguns julgados minoritários que, ao analisar casos concretos, têm deferido como medida excepcional a guarda alternada. Em apelação julgada pelo Tribunal de Justiça do Distrito Federal e dos Territórios (TJDFT) no Recurso n. 07040203720188070019, entendeu-se que mesmo a guarda alternada sendo uma exceção, especialmente por ser desaconselhada pela prática forense e por psicólogos em face da alternância constante de residência e da conseguinte perda de referências, naquele caso específico, a guarda dos menores já se dava de maneira alternada havia três anos e as crianças já estavam adaptadas a essa alternância, possuíam uma rotina bem estruturada na companhia de ambos os pais, razão pela qual essa guarda alternada não estaria prejudicando as crianças naquele caso concreto.

GUARDA COMPARTILHADA E PENSÃO ALIMENTÍCIA

Um dos maiores mitos da guarda compartilhada é de que nela não há necessidade de pagar pensão alimentícia. A separação judicial, a dissolução da união estável e o divórcio encerram o relacionamento do casal, mas não alteram a responsabilidade financeira dos pais para com os filhos. Como já dissemos anteriormente, a guarda compartilhada refere-se às diretrizes de criação e educação dos menores de forma geral, ao passo que a pensão alimentícia decorre do trinômio necessidade x possibilidade x proporcionalidade.[1]

No Brasil, é presumida a necessidade econômica dos filhos menores e incapazes, sendo devida a pensão alimentícia até que alcancem a maioridade civil (18 anos), mas os alimentos deverão continuar a ser pagos sempre que eles estiverem cursando pré-vestibular, ensino técnico ou superior e não tenham, eles mesmos, condições financeiras para arcar com seus estudos, até o limite de 24 anos.

Na guarda compartilhada, como já dissemos, as decisões relacionadas à criação dos filhos (em qual escola estudarão,

1 VII Jornada de Direito Civil, enunciado n. 607 do Conselho da Justiça Federal (CJF): "A guarda compartilhada não implica ausência de pagamento de pensão alimentícia".

qual religião professarão, qual idioma aprenderão etc.) serão compartilhadas entre os genitores, mas os menores terão uma residência de referência, portanto, aquele que não reside com a criança, em regra, deverá pagar a pensão alimentícia, visando auxiliar em sua manutenção e em seu sustento.

A necessidade de pagamento da pensão alimentícia[2] se dará sempre que houver diferença de renda entre os genitores que justifique o equilíbrio das contas, já que ambos têm a obrigação de sustentar seus filhos na medida das suas possibilidades financeiras. Quando há a guarda alternada, as despesas exclusivas dos menores, como educação e saúde, serão divididas entre os pais, na proporção de seus ganhos, e as despesas que não são exclusivas, como a moradia dos genitores, serão pagas individualmente (da Cunha Pereira, 2021, p. 1).

Ainda em relação à pensão alimentícia, se o genitor/genitora que tem a obrigação de pagá-la não o fizer, ou estiver em atraso com as prestações, não perderá a guarda dos filhos, nem poderá ser impedido de visitá-los, já que o meio legal para cobrar os valores em débito é o ajuizamento da execução de alimentos, e

2 "A pensão alimentícia ou 'alimentos' é o valor pago por uma pessoa a outra, mensalmente, em cumprimento à sentença que fixa essa obrigação ou decisão judicial que homologa acordo entre as partes. Os alimentos são os valores, bens ou serviços destinados a custear as necessidades da vida de alguém, dentro das situações previstas em lei, que não possa prover seu próprio sustento com seu trabalho ou seus rendimentos. Também são considerados alimentos aqueles valores pagos em razão do dever de assistência, da ruptura das relações de casamento ou união estável, ou do direito assistencial de amparo aos idosos" (Nigri, 2023).

não o impedimento do convívio entre pais e filhos, o que pode vir a ser considerado um ato de alienação parental.

É importante registrar que filhos incapazes, mesmo maiores de idade, devem receber pensão sem prazo limitado, sendo considerados absolutamente incapazes todos os menores de dezesseis anos, e incapazes relativamente a certos atos ou à maneira de os exercer os maiores de dezesseis e menores de dezoito anos, os ébrios habituais,[3] os viciados em tóxico, aqueles que, por causa transitória ou permanente, não puderem exprimir sua vontade e os pródigos.[4] A menoridade cessa aos dezoito anos completos, quando a pessoa fica habilitada à prática de todos os atos da vida civil.

A pensão alimentícia na guarda compartilhada deverá seguir os critérios legais e ambos os genitores devem auxiliar, na medida das suas possibilidades financeiras, no sustento dos filhos, não existindo uma fórmula mágica para calcular o valor da pensão alimentícia, já que a lei brasileira não estipula qual valor ou percentual deverá ser pago a título de alimentos.[5] É necessário considerar quais são as possibilidades econômico-financeiras daquele que pagará a pensão (alimentante) e as necessidades daquele a quem será feito o

3 Pessoas que bebem álcool habitualmente.

4 Aquele que gasta mais do que possui ou necessita, perdulário.

5 Existe um mito de que a pensão alimentícia é fixada sempre no percentual de 30% dos rendimentos de quem a paga, mas isso não corresponde à realidade, já que a pensão será fixada levando-se em conta as necessidades do alimentado e a capacidade financeira do alimentante, sempre em vista do caso concreto.

pagamento (alimentado), pois a lei objetiva permitir a sobrevivência digna do alimentado, sem violar a sobrevivência, também do alimentante.

Diante do que foi dito, conclui-se que a instituição da guarda compartilhada não exonera os genitores do pagamento da pensão alimentícia, pois se trata de duas situações distintas; a guarda compartilhada consiste tão somente na divisão de responsabilidade dos pais para com seus filhos, devendo aquele que não reside com a criança pagar a pensão alimentícia. Na hipótese de guarda compartilhada com alternância de residências, o juiz deverá analisar a capacidade econômica de cada um dos genitores e os gastos dos filhos, para decidir quem pagará o quê.

GUARDA COMPARTILHADA EM CIDADES DIFERENTES

O Código Civil, em seu artigo 1.583, § 3º, dispõe que "na guarda compartilhada, a cidade considerada base de moradia dos filhos será aquela que melhor atender aos interesses dos filhos", portanto, parece claro que não é proibida a guarda compartilhada quando os genitores morarem em cidades distintas. A guarda compartilhada é a regra e, portanto, ela deve ser fixada mesmo quando os pais morem em cidades diferentes e distantes, uma vez que esse regime não exige a permanência física do menor em ambas as residências.

Esse foi o entendimento fixado pela 3ª Turma do Superior Tribunal de Justiça (STJ) ao modificar a decisão Tribunal de Justiça de São Paulo (TJSP) que havia negado a guarda compartilhada por conta da distância entre as residências dos genitores, fixando a guarda unilateral para a mãe.[1]

A relatora do recurso, a ministra Nancy Andrighi, lembrou que o artigo 1.584, § 2º, do Código Civil estabelece que, quando não houver acordo entre os genitores no que se refere à guarda do filho, estando ambos em condições de exercer o poder familiar, será aplicada a guarda compartilhada, o que

1 O número deste processo não é divulgado em razão de segredo judicial.

somente não ocorrerá se um dos pais declarar ao magistrado que não deseja a guarda do menor.[2] Ela afirmou ainda que:

> *Não existe qualquer óbice à fixação da guarda compartilhada na hipótese em que os genitores residam em cidades, estados ou, até mesmo, países diferentes, máxime tendo em vista que, com o avanço tecnológico, é plenamente possível que, a distância, os pais compartilhem a responsabilidade sobre a prole, participando ativamente das decisões acerca da vida dos filhos.*

É importante registrar que nem sempre foi esse o entendimento do poder judiciário, já que, no ano de 2016, a 3ª Turma do STJ, ao julgar questão semelhante, entendeu ser inviável a implementação de guarda compartilhada em caso de pais que moram em cidades diferentes, pois a dificuldade geográfica impediria a aplicação do princípio do melhor interesse dos menores às filhas do casal.[3]

2 Na época do julgamento não havia sido promulgada a Lei nº 14.713, de 30 de outubro de 2023, que alterou as Leis nºs 10.406, de 10 de janeiro de 2002 (Código Civil), 13.105, de 16 de março de 2015 (Código de Processo Civil), para estabelecer o risco de violência doméstica ou familiar como causa impeditiva ao exercício da guarda compartilhada, bem como para impor ao juiz o dever de indagar previamente o Ministério Público e as partes envolvidas sobre situações de violência doméstica ou familiar que envolvam o casal ou os filhos.

3 O número deste processo não é divulgado em razão de segredo judicial.

É possível a guarda compartilhada quando os pais residam em cidades e até mesmo em países diferentes.

Segundo o relator, o ministro Villas Bôas Cueva, a guarda compartilhada tem preferência no ordenamento jurídico brasileiro e sua implementação não se condiciona à boa convivência entre os pais, mas as peculiaridades do caso concreto demonstraram a existência de impedimento insuperável:

> *Na hipótese, a modificação da rotina das crianças, ou até mesmo a possível alternância de residência, impactaria drasticamente a vida das menores. Por exemplo, não é factível vislumbrar que as crianças, porventura, estudassem alternativamente em colégios distintos a cada semana ou que frequentassem cursos a cada 15 dias quando estivessem com o pai ou com a mãe. Tal impasse é insuperável na via judicial.*

Hoje em dia, entretanto, essa questão foi superada e os tribunais vêm deferindo a fixação da guarda compartilhada na hipótese em que os genitores residam em cidades, estados ou até mesmo países diferentes, especialmente em vista dos avanços tecnológicos, que tornaram plenamente possível que, mesmo a distância, os pais compartilhem a responsabilidade sobre a prole, participando ativamente das decisões acerca da vida dos filhos.

GUARDA COMPARTILHADA E MUDANÇA DE UM DOS GENITORES PARA O EXTERIOR

Uma das questões tormentosas relacionadas à guarda compartilhada se referia à mudança de um dos pais para outro país, mas ela chegou, recentemente, ao Superior Tribunal de Justiça (STJ), o qual entendeu que na guarda compartilhada não se exige a custódia física conjunta da criança, e por esse motivo ela poderia ser fixada ou mantida mesmo nas hipóteses em que os genitores morem em países diferentes.

O tribunal entendeu que a flexibilidade do compartilhamento da guarda não afasta a possibilidade de convivência da criança com ambos os genitores, nem a divisão de responsabilidades, especialmente em razão dos avanços tecnológicos, razão pela qual autorizou a mudança de uma criança para a Holanda, em companhia da mãe, enquanto seu pai continuaria residindo no Brasil, definindo os parâmetros de convivência em relação ao pai.[1]

Ao julgar essa questão em primeira instância, o juiz havia autorizado a guarda compartilhada, mesmo com a mudança da genitora para o exterior, mas o tribunal reformou a decisão, determinando que a convivência da criança com o pai fosse

1 O número deste processo não é divulgado em razão de segredo judicial.

presencial e realizada quinzenalmente, pois a criança possuía laços fortes com a família paterna, impedindo a moradia do menor no exterior.

A relatora do recurso, a ministra Nancy Andrighi, assinalou que a guarda compartilhada não se confunde com o regime de guarda alternada. No caso do sistema compartilhado, ressaltou, não é apenas possível, mas desejável que seja definida uma residência principal para os filhos.

Segundo ela, na guarda alternada, há a fixação de dupla residência, de modo que a prole residirá com cada um dos genitores por determinado período, ocasião em que cada um deles, individual e exclusivamente, exercerá a guarda dos filhos. Já a guarda compartilhada não exige que a custódia física da criança seja exercida de maneira conjunta, nem é obrigatório haver tempo de convívio igualitário entre os pais. Essas definições, apontou, são extremamente flexíveis nesse regime, e são ponderadas pelo juiz a partir de cada caso concreto, sempre considerando o melhor interesse da criança.

A ministra reconheceu que a alteração do lar de referência da criança para outro país provocaria mudança nas relações familiares e traria dificuldades de adaptação à rotina e ao modo de convivência, mas ponderou os potenciais benefícios que a criança teria ao morar na Holanda, como novas experiências culturais, aquisição de conhecimentos linguísticos e acesso a oportunidades de educação, ciência e lazer. Assinalou ao restabelecer a sentença:

Segundo o cuidadoso plano de convivência desenvolvido pelo juiz em primeiro grau, com o qual a recorrente implicitamente concordou (eis que não impugnou a questão), existe a previsão de retorno da criança ao Brasil em todos os períodos de férias até completar 18 anos (com custos integralmente suportados pela recorrente), utilização ampla e irrestrita de videochamadas ou outros meios tecnológicos de conversação e a convivência diária quando o recorrido estiver na Holanda. (STJ, 2023)

GUARDA COMPARTILHADA COM RESIDÊNCIAS ALTERNADAS

A guarda compartilhada com residências alternadas consiste em compartilhar não apenas as decisões sobre os filhos, mas também a custódia física das crianças.

Para aqueles que defendem essa modalidade de guarda, haveria um convívio equânime dos filhos com ambos os genitores, mas há vasta crítica contra esse modelo de guarda e custódia compartilhada, por não respeitar a necessidade das crianças de terem suas rotinas preservadas, transformando-as em crianças nômades ou, como são mais comumente chamadas, "criança-mochila".

Essa questão chegou à 8ª Turma Cível do Tribunal de Justiça do Distrito Federal e dos Territórios (TJDFT), que acatou o pedido de uma mãe para suspender a guarda compartilhada da filha, segundo a qual a criança teria de ser submetida à alternância de domicílio a cada dois anos.

Na sentença original fora decidido que a criança, até então com cinco anos de idade, permaneceria no lar materno até 31 de janeiro de 2020, quando, então, passaria a residir com o pai pelos dois anos seguintes. A mãe residia em Brasília (DF) e o pai em Natal (RN), sem qualquer perspectiva de ambos os genitores viverem no mesmo estado novamente,

A guarda compartilhada com residências alternadas significa que ambos os genitores tomarão as decisões sobre os filhos e, também, haverá o compartilhamento da custódia física das crianças.

por isso a mãe recorreu e alegou concordar com a guarda compartilhada, desde que mantivesse o seu lar como referência, sob o argumento de que a mudança de domicílio a cada dois anos traria prejuízos à criança, principalmente em seus vínculos de amizade, mudança de escola, bem como pela necessidade de troca da terapeuta que a acompanha.

O desembargador relator destacou que mesmo com parecer sugerindo essa alternância de residências a cada dois anos, isso afetaria a vida da criança de modo considerável, "porquanto sua psique não se encontra pronta para vivenciar tamanha mudança", tendo em vista que "quando a criança já estiver habituada à rotina da casa paterna, à escola, ao círculo social, terá que voltar ao lar da mãe e recomeçar a jornada de estabilização da vida, com a formação de novos vínculos, o ingresso em nova instituição de ensino e adaptação ao regime de convivência com a genitora, o que acontecerá a cada biênio", concluindo que o rodízio de residência trará mais prejuízo ao desenvolvimento psicológico da criança do que benefícios.

Por fim, amparado no Código Civil e no Estatuto da Criança e do Adolescente (ECA), que preveem que, mesmo na guarda compartilhada, a divisão do tempo de convívio dos filhos com os pais deverá ter em mira as condições e o interesse do menor, o magistrado decidiu manter o lar materno como referência, concedendo ao pai direito de visitas de forma livre e com prévio aviso, a fim de resguardar a convivência e a possibilidade de fortalecimento do vínculo afetivo com ambas as famílias (paterna e materna), e determinando que a criança deverá ficar com o pai durante dois terços das férias escolares e que a mãe deverá proporcionar condições para que a filha tenha contato com o pai e com a respectiva família.[1]

1 Processo em segredo de justiça por envolver menor de idade.

O FILHO ADOLESCENTE PODE ESCOLHER QUAL GENITOR TERÁ A SUA GUARDA?

Sabemos que a guarda dos menores deverá ser fixada levando-se em conta, sempre, o melhor interesse das crianças, por isso muita gente indaga se elas deveriam ser ouvidas para dizer com quem desejam ficar.

A legislação brasileira não determina a idade mínima para essa escuta, mas muitos juízes têm tomado o depoimento dos menores a partir dos 12 anos, entendendo que essa providência é fundamental para a fixação do tipo de guarda. Apesar de haver a possibilidade de ouvir essas crianças, não há nenhuma garantia de que seu desejo seja acatado pelo judiciário, uma vez que há outras variáveis a serem consideradas, além de não serem incomuns situações em que a fala da criança esteja fortemente influenciada por um dos genitores ou, até mesmo, ser fruto de alienação parental.

Em julgamento realizado pelo Tribunal de Justiça de São Paulo (TJSP),[1] foi considerada a vontade de um adolescente de 15 anos quando o juiz negou o pedido de guarda compartilhada feito pelo pai, mantendo a guarda unilateral da

1 AC n. XXXX-60.2020.8.26.0002.

genitora, sob o argumento de que a mudança poderia ser prejudicial ao adolescente.

A guarda unilateral materna fora fixada em 2010, mas o genitor buscou a Justiça para pedir a modificação da guarda, sem a alteração de residência, sob a alegação de que gostaria de participar mais ativamente da vida do filho. Foi elaborado o estudo psicológico, todas as partes foram entrevistadas e ele constatou que pai e a mãe viviam em intenso conflito, em clima de grande beligerância.

Ao ser ouvido, o adolescente enfatizou a importância de ambos os pais em sua vida, independentemente do tipo de guarda, mas afirmou ser contra a guarda compartilhada.

O Ministério Público se manifestou contra a mudança da guarda unilateral para a guarda compartilhada, pois a relação conflituosa do ex-casal inviabilizaria o compartilhamento das decisões. Ao manter a sentença, a 5ª Câmara de Direito Privado do TJSP confirmou que a guarda compartilhada poderia causar prejuízo ao adolescente em razão do conflito dos pais.

De acordo com o tribunal, a opinião do adolescente não poderia ser desconsiderada, pois ele teria demonstrado entender a importância de ambos os genitores em sua vida, mas achava a mudança de guarda desnecessária, além de ter expressado que sua vontade foi abafada em meio às discussões dos pais, (Assessoria de Comunicação do IBDFAM, 2022).

A legislação brasileira não determina a idade mínima para que uma criança diga com qual dos genitores deseja morar, mas muitos juízes têm tomado o depoimento dos menores a partir dos 12 anos.

DESCUMPRIMENTO DA REGRA DA GUARDA

Uma das questões mais corriqueiras quando se fala de guarda de filhos é o descumprimento dos combinados, por isso a lei brasileira, no artigo 1.584, § 4º, do Código Civil, diz que "a alteração não autorizada ou o descumprimento imotivado de cláusula de guarda unilateral ou compartilhada poderá implicar a redução de prerrogativas atribuídas ao seu detentor".

Trocando em miúdos, o que a lei quer dizer é que o genitor ou genitora que descumprir o acordo de guarda poderá se prejudicar, podendo, inclusive, ser punido com a redução do número de horas de convivência com o filho, o que, para muitos, acaba sendo uma punição não para os genitores, mas para os menores, que conviverão menos tempo com aquele que descumpriu o acordo de guarda.

Vamos pensar numa situação concreta de descumprimento do acordo de guarda: uma mãe vai buscar as filhas na casa do genitor, no dia e no horário determinados pelo juiz, mas ao chegar no endereço é informada de que as meninas estão viajando com o pai e só retornam no dia seguinte. Essa situação pode ensejar punições cíveis, administrativas, processuais e até mesmo criminais.

Na esfera cível, dependendo da forma como se deu esse descumprimento, e se ele se der de forma rotineira e reiterada, poderá haver a condenação em perdas e danos. Essa indenização por danos materiais e morais poderá ser devida, por exemplo, na situação em que um genitor programa uma viagem com o filho, combina tudo com antecedência, cria expectativas, compra passagens, reserva hotel, e no dia da viagem não tem acesso à criança e, diante disso, a viagem acaba sendo cancelada.

Além desses danos morais e materiais, esses descumprimentos de forma reiterada também podem configurar, dependendo das circunstâncias, alienação parental, que ocorre quando um dos genitores dificulta a presença e o contato do outro na vida da criança ou adolescente, sendo elencadas pela Lei n. 12.318/2010, a título exemplificativo, condutas como: dificultar o exercício da autoridade parental, dificultar contato de criança ou adolescente com genitor e dificultar o exercício do direito regulamentado de convivência familiar.

Na esfera processual, aquele que descumprir o acordo homologado judicialmente ou decisão judicial estará sujeito a multa, nos termos dos artigos 536, §§ 1º e 5º, e 537 do Código de Processo Civil (CPC) e o artigo 213 do Estatuto da Criança e do Adolescente (ECA).[1]

1 CPC: "Art. 536. No cumprimento de sentença que reconheça a exigibilidade de obrigação de fazer ou de não fazer, o juiz poderá, de ofício ou a requerimento, para a efetivação da tutela específica ou a obtenção de tutela pelo resultado

Por fim, na seara criminal, há fortes discussões sobre a possibilidade de responsabilização penal daquele que descumpre o acordo.

prático equivalente, determinar as medidas necessárias à satisfação do exequente. § 1° Para atender ao disposto no caput, o juiz poderá determinar, entre outras medidas, a imposição de multa, a busca e apreensão, a remoção de pessoas e coisas, o desfazimento de obras e o impedimento de atividade nociva, podendo, caso necessário, requisitar o auxílio de força policial. § 2° O mandado de busca e apreensão de pessoas e coisas será cumprido por 2 (dois) oficiais de justiça, observando-se o disposto no art. 846, §§ 1° a 4°, se houver necessidade de arrombamento. § 3° O executado incidirá nas penas de litigância de má-fé quando injustificadamente descumprir a ordem judicial, sem prejuízo de sua responsabilização por crime de desobediência. § 4° No cumprimento de sentença que reconheça a exigibilidade de obrigação de fazer ou de não fazer, aplica-se o art. 525, no que couber. § 5° O disposto neste artigo aplica-se, no que couber, ao cumprimento de sentença que reconheça deveres de fazer e de não fazer de natureza não obrigacional. Art. 537. A multa independe de requerimento da parte e poderá ser aplicada na fase de conhecimento, em tutela provisória ou na sentença, ou na fase de execução, desde que seja suficiente e compatível com a obrigação e que se determine prazo razoável para cumprimento do preceito. § 1° O juiz poderá, de ofício ou a requerimento, modificar o valor ou a periodicidade da multa vincenda ou excluí-la, caso verifique que: I - se tornou insuficiente ou excessiva; II - o obrigado demonstrou cumprimento parcial superveniente da obrigação ou justa causa para o descumprimento. § 2° O valor da multa será devido ao exequente. § 3° A decisão que fixa a multa é passível de cumprimento provisório, devendo ser depositada em juízo, permitido o levantamento do valor após o trânsito em julgado da sentença favorável à parte. § 4° A multa será devida desde o dia em que se configurar o descumprimento da decisão e incidirá enquanto não for cumprida a decisão que a tiver cominado. § 5° O disposto neste artigo aplica-se, no que couber, ao cumprimento de sentença que reconheça deveres de fazer e de não fazer de natureza não obrigacional". ECA: "Art. 213. Na ação que tenha por objeto o cumprimento de obrigação de fazer ou não fazer, o juiz concederá a tutela específica da obrigação ou determinará providências que assegurem o resultado prático equivalente ao do adimplemento".

Em se tratando do descumprimento de acordo judicial de visitação de filhos, apesar de não ser unânime, há quem defenda que é possível que aquele que o descumpre seja responsabilizado criminalmente pelo crime de desobediência, descrito no artigo 330 do Código Penal.[2] O Código de Processo Civil prevê a responsabilização pelo crime de desobediência à ordem judicial no artigo 536, § 3º, ao dispor que: "O executado incidirá nas penas de litigância de má-fé quando injustificadamente descumprir a ordem judicial, sem prejuízo de sua responsabilização por crime de desobediência".

O direito de visitas e de convivência não é somente um direito dos pais, mas também dos filhos de conviver com eles, sendo um misto de direito e de obrigação, portanto, caso um dos genitores dificulte ou impeça o exercício regular do direito de visita e convivência dos menores com o outro, praticará a infração administrativa prevista no artigo 249 do ECA, estando sujeito a multa, na medida em que descumpre, dolosa ou culposamente, dever inerente ao poder familiar ou decorrente de guarda, pois, conforme demonstrado, os pais possuem o direito personalíssimo de visitar e permanecer com seus filhos (Foureaux, 2019).

2 "Art. 330. Desobedecer a ordem legal de funcionário público: Pena - detenção, de quinze dias a seis meses, e multa."

POR QUAIS RAZÕES POSSO PERDER A GUARDA DOS MEUS FILHOS?

A lei brasileira fixa as hipóteses de perda da guarda da criança e destituição do poder familiar, chamado antigamente de pátrio poder. O Estatuto da Criança e do Adolescente (ECA) informa que a perda ou suspensão da guarda poderá ser decretada judicialmente em caso de descumprimento injustificado dos deveres de sustento, guarda e educação dos filhos menores, bem como da obrigação de cumprir e fazer cumprir as determinações judiciais (quando o juiz dá uma ordem que deve ser cumprida e o genitor a ignora).

É muito importante informar que a pobreza ou a dificuldade financeira ou de outros recursos materiais, por si só, não constituem razão para alguém perder a guarda dos seus filhos, nem mesmo eventual condenação criminal do pai ou da mãe, a menos que o crime seja sujeito à pena de reclusão e tenha sido cometido intencionalmente (com dolo) contra o outro genitor, filho, filha ou outro descendente,[1] quando haverá a destituição do seu poder familiar.

1 ECA: "Art. 24. A perda e a suspensão do poder familiar serão decretadas judicialmente, em procedimento contraditório, nos casos previstos na legislação civil, bem como na hipótese de descumprimento injustificado dos deveres e obrigações a que alude o art. 22".

A perda ou suspensão da guarda poderá acontecer, entre outros motivos, quando houver descumprimento injustificado dos deveres de sustento, guarda e educação dos filhos menores, assim como da obrigação de cumprir e fazer cumprir as determinações judiciais.

De acordo com a lei civil, a perda ou a suspensão da guarda familiar pode se dar caso os pais abusem de sua autoridade, faltem com os deveres a eles inerentes, arruínem os bens dos filhos, os castiguem imoderadamente, os abandonem, pratiquem atos contrários à moral e aos bons costumes, incidam reiteradamente em atos lesivos aos interesses dos filhos, ou ainda sejam condenados a mais de dois anos de prisão por sentença irrecorrível.

Como as hipóteses são genéricas, a análise se dá caso a caso durante o processo judicial, proposto geralmente por um parente interessado ou pelo Ministério Público, ao constatar uma atitude nociva aos direitos das crianças e dos adolescentes. O processo judicial de perda ou suspensão da guarda se dá mediante o direito de defesa da mãe ou do pai, que podem contar com um advogado.

A suspensão do poder familiar é uma restrição temporária no exercício das funções dos pais decretada por ordem judicial e deverá durar o tempo necessário para resguardar os melhores interesses dos menores, podendo se referir a um filho ou a todos.

Na perda e na suspensão da guarda, a mãe ou o pai podem visitar o filho em outro lar, ou em um abrigo. Na destituição, é cortado o vínculo com os pais, devendo o filho ser encaminhado para família substituta, por via de adoção. A perda do poder familiar pode ocorrer pela morte dos pais, pela emancipação, pela maioridade, pela adoção ou por decisão judicial (CNJ, 2016).

GUARDA DE FILHOS E ALIENAÇÃO PARENTAL

É considerado como ato de alienação parental a interferência na formação psicológica da criança ou do adolescente realizada ou induzida por um dos genitores, pelos avós ou pelos que tenham a criança ou adolescente sob a sua autoridade, guarda ou vigilância para que repudie um dos pais ou que cause prejuízo ao estabelecimento ou à manutenção de vínculos com este.

Em 2010, foi sancionada a Lei n. 12.318 (Lei da Alienação Parental - LAP), com alterações posteriores pela Lei 14.340/2022.[1] Essa lei foi considerada por muitos como um

1 LAP: "Art. 2º Considera-se ato de alienação parental a interferência na formação psicológica da criança ou do adolescente promovida ou induzida por um dos genitores, pelos avós ou pelos que tenham a criança ou adolescente sob a sua autoridade, guarda ou vigilância para que repudie genitor ou que cause prejuízo ao estabelecimento ou à manutenção de vínculos com este. Parágrafo único. São formas exemplificativas de alienação parental, além dos atos assim declarados pelo juiz ou constatados por perícia, praticados diretamente ou com auxílio de terceiros:
I - realizar campanha de desqualificação da conduta do genitor no exercício da paternidade ou maternidade; II - dificultar o exercício da autoridade parental; III - dificultar contato de criança ou adolescente com genitor; IV - dificultar o exercício do direito regulamentado de convivência familiar; V - omitir deliberadamente a genitor informações pessoais relevantes sobre a criança ou adolescente, inclusive escolares, médicas e alterações de endereço; VI - apresentar falsa denúncia contra genitor, contra familiares deste ou contra

avanço, já que são muito frequentes as disputas pela guarda dos filhos depois da separação dos pais, mas muitos a consideraram fraca e ineficaz, por não ter conseguido reduzir a prática de alienações parentais.

Nos processos em que se discute a ocorrência de alienação parental, a lei excluiu a possibilidade de se revogar o poder familiar, passando a permitir, enquanto tramita a ação, a convivência assistida, nas dependências do poder judiciário ou, na falta de equipe profissional, o juiz poderá nomear um perito com qualificação e experiência para essa função e os filhos deverão ser ouvidos, sob pena de nulidade do processo.

A lei cita alguns exemplos de práticas que podem ser consideradas como alienação parental, mas há outras situações que, mesmo que não tenham sido citadas, configuram atos de alienação. De acordo com a norma, exemplificativamente, são essas as situações: realizar campanha de desqualificação da conduta do genitor no exercício da paternidade ou maternidade; dificultar o exercício da autoridade parental; dificultar o contato da criança ou do adolescente com o genitor; dificultar o exercício do direito regulamentado à convivência familiar; omitir deliberadamente ao genitor informações pessoais relevantes sobre a criança ou o adolescente, inclusive escolares, médicas e alterações de endereço; apresentar falsa denúncia

avós, para obstar ou dificultar a convivência deles com a criança ou adolescente; VII - mudar o domicílio para local distante, sem justificativa, visando a dificultar a convivência da criança ou adolescente com o outro genitor, com familiares deste ou com avós".

contra o genitor, contra familiares deste ou contra os avós, para obstar ou dificultar a convivência deles com a criança ou o adolescente; mudar o domicílio para local distante, sem justificativa, visando dificultar a convivência da criança ou do adolescente com o outro genitor, com familiares deste ou com os avós.

Casos de alienação parental são bastante frequentes, especialmente em casos de divórcios litigiosos, em que o ódio nutrido pelos pais um contra o outro acaba resvalando sobre as crianças, causando consequências emocionais, psicológicas e comportamentais negativas a todos os envolvidos.

O primeiro caso que chegou ao Superior Tribunal de Justiça (STJ) sobre esse assunto tratava do pedido de uma mãe para que seu ex-marido fosse afastado da convivência com os filhos, pois, segundo alegava, o pai seria violento e teria abusado sexualmente de uma das crianças, motivo que a fez, com o apoio do Programa de Proteção a Vítimas e Testemunhas Ameaçadas, mudar-se de estado. O pai alegou que a ex-esposa sofria da Síndrome de Alienação Parental, o que a levara a fazer essas acusações, criando nos filhos um sentimento contra ele.

Segundo consta dos autos, nenhuma das acusações teria sido comprovada, e ainda teria sido identificado, por meio de perícia, que a mãe das crianças de fato padecia da Síndrome de Alienação Parental. Segundo os responsáveis pela avaliação psicológica, ela implantava memórias falsas nas crianças, como de violência e de abuso sexual, além de ter se mudado repentina e propositalmente para outro estado após ter perdido a ação em primeira instância, para privar o pai do convívio com os filhos.

Em outro julgamento, ocorrido no ano de 2017, e que virou um paradigma seguido até os tempos atuais, o STJ reconheceu a possibilidade de guarda compartilhada mesmo no caso de haver graves desavenças entre o ex-casal, especialmente como forma de manter ativos os laços entre pais e filhos, evitando-se possíveis casos de alienação parental.

No caso julgado pelo tribunal, o ex-cônjuge foi acusado de ter agredido fisicamente a mãe de suas filhas e, por esse motivo, ficou proibido de se aproximar dela e de entrar em contato, por qualquer meio de comunicação, com a ex-mulher ou seus familiares, o que o impediu também de conviver com as filhas. O pai das crianças buscou a Justiça, alegando que teria sido vítima de alienação parental, já que nunca teria praticado violência contra as crianças e que seus desentendimentos com a mãe não o tornavam inapto para exercer o poder familiar, requerendo a fixação da guarda compartilhada.

A decisão tomada pelo STJ foi[2] no sentido de reconhecer que a violência doméstica ocorrida em nenhum momento envolveu as crianças, "tanto que a medida protetiva fixada com base na Lei Maria da Penha (Lei 11.340/06), imposta judicialmente, não abrangeu as crianças, visto inexistir risco potencial ou efetivo", e os ministros ainda reconheceram o

2 Ainda não havia sido promulgada a Lei nº 14.713/2023.

desejo do genitor de manter os laços de afeto com as filhas (STJ, 2019).[3]

Como podemos ver, a alienação parental é um dos temas mais complexos e difíceis tratados pelo direito das famílias e causa efeitos psicológicos sérios e perenes em todos os envolvidos, afetando, de forma quase sempre irreversível, as relações entre pais e filhos, ferindo o direito fundamental da criança à convivência familiar saudável e, ainda, sendo um descumprimento dos deveres relacionados à autoridade dos pais ou decorrentes de tutela ou guarda.

Os efeitos da alienação parental podem ser constatados pela análise do comportamento dos pais, avós ou outros responsáveis, bem como pelas mudanças refletidas no psiquismo de crianças e adolescentes, que passam a ter alterações no comportamento, sinais de ansiedade, nervosismo, agressividade e depressão.

A guarda compartilhada tem sido buscada como forma de reduzir a prática de alienação parental, pois a partir do momento que a criança ou o adolescente tem contato com ambos os pais, reduz-se a chance de que um deles utilize a sua influência para afastar o filho do outro genitor. Além disso, com a guarda compartilhada é mais provável que os pais deixem de lado suas desavenças, para então buscarem o melhor interesse do menor (Froes, 2021).

3 Os números dos processos não são divulgados em razão de segredo judicial.

PERDA DA GUARDA EM RAZÃO DA AUSÊNCIA DE VACINAÇÃO DOS FILHOS

Temos visto, mais recentemente, um crescente movimento contra a vacinação de crianças, adolescentes e adultos no Brasil.

Uma das grandes conquistas da ciência moderna é o desenvolvimento de vacinas que fortalecem o sistema imunológico, estimulam a produção de anticorpos e evitam doenças graves e a proliferação de epidemias, sendo uma solução individual e coletiva, mas, apesar da ampla disponibilização de vacinas, gratuitamente, no serviço público de saúde, não é raro lermos discursos contra a vacina e vermos pais que não se vacinam nem vacinam seus filhos.

Uma das alegações dessas pessoas é que cada um deve ter a liberdade de decidir e autonomia para fazer suas próprias escolhas, inclusive optando por se vacinar ou não se vacinar. O grande furo nesse argumento é que a decisão individual de não se vacinar, nem vacinar seus filhos, coloca em risco não apenas esses indivíduos, mas toda a coletividade.

Por essa razão, foi editada a Lei n. 13.979, de 6 de fevereiro de 2020, estabelecendo, dentre outras estratégias de combate à pandemia, a compulsoriedade da vacinação contra a covid-19, o que, por si só, não constitui novidade, já que, historicamente, a vacinação é obrigatória no Brasil, mas isso não significa que as pessoas devam ser vacinadas mediante uso de força, optando-se pela imposição de restrições ao acesso de pessoas não vacinadas a escolas, ambientes de trabalho etc.

Chegaram assim ao Supremo Tribunal Federal (STF) as Ações Diretas de Inconstitucionalidade (ADI) n. 6.586 e n. 6.587, questionando a constitucionalidade da obrigatoriedade da aplicação da vacina de covid-19, bem como o Agravo de Recurso Extraordinário (AgRE) n. 1.267.879, em que uma família pedia para não vacinar o filho com as vacinas obrigatórias do Programa Nacional de Imunizações (PNI) por convicções filosóficas e ideológicas.

O STF entendeu ser constitucional a lei que fixa a obrigatoriedade da vacinação, mas ressaltou que ela deve ser implantada levando-se em conta os princípios da proporcionalidade e da razoabilidade, ou seja, não deve ser implantada por meio da força ou de medidas invasivas, e sim de forma indireta – quando as pessoas não vacinadas são impedidas de realizar determinadas atividades ou frequentar determinados lugares.

Em relação ao caso da família que não pretendia vacinar seus filhos, o julgamento foi no sentido da obrigatoriedade da vacinação, apontando que "o exercício do poder familiar não permite que pais, embasado em convicções filosóficas e ideológicas, coloquem em risco a saúde dos seus filhos, o que caracteriza inobservância do Princípio do Melhor Interesse da Criança". Conclui-se que o STF "reforçou o entendimento de que a vacinação compulsória ou obrigatória é uma medida razoável, já adotada no Brasil há tempos e, inclusive agora, como medida de combate à Covid-19" (Marques, 2022).

O STF determinou ao Ministério Público que fiscalizasse a vacinação de crianças e adolescentes, lembrando que o órgão tem atribuição constitucional e legal de zelar pela saúde e pelo bem-estar destes, assinalando, também, que ninguém pode ser forçado a vacinar seus filhos, mas pais ou responsáveis podem ter de arcar com as consequências de suas escolhas.

A questão da perda da guarda do filho em razão da ausência de vacinação não é algo pacificado, já que afastar uma criança da sua família deve ser algo absolutamente excepcional, pois não se pode, a pretexto de assegurar um direito (saúde), violar-se outro (convivência familiar), a menos que ao lado da desproteção à saúde comprovem-se fatos graves a ensejar a perda da guarda ou suspensão do poder familiar. Não sendo esse o caso, deverão ser aplicadas outras medidas, a exemplo de advertência, encaminhamento para realização de cursos e à programas de orientação. Mantida a inércia dos pais, o serviço de saúde deverá deslocar-se até a sua residência ou outro local em que se encontrar, com vistas à orientação dos pais, possibilitando a aplicação da vacina, conforme assinala o defensor público Aldo Neri de Vargas Jr.

Há situações em que um dos pais quer vacinar os filhos e o outro não "autoriza". Nesses casos, tendo em vista que a vacinação vai ao encontro da lei, basta que um dos genitores acompanhe a criança até uma unidade de saúde para que a imunização seja assegurada (Espíndola, 2022).

GUARDA DE FILHOS E "SEQUESTRO" POR PARTE DE UM DOS GENITORES

Todos nós já ouvimos falar de casos em que o pai ou a mãe leva os filhos para outro país sem consentimento do outro genitor, ou há o consentimento para a saída por um período determinado (férias, por exemplo), mas a criança não mais retorna. Essa prática acontece com mais frequência quando os pais possuem nacionalidades diferentes e os menores têm dupla cidadania. O nome que se dá a esse tipo de prática é sequestro interparental, sequestro internacional de crianças, rapto parental transnacional, *abduction* ou *parental kidnapping*.

O termo "sequestro", apesar de ser o adotado pela Convenção de Haia de 1980, de que o Brasil é um dos signatários,[1] não é considerado o mais adequado tecnicamente, pois o crime de sequestro, na lei brasileira, constitui a subtração de pessoa visando à obtenção de vantagem financeira, o que nem sempre acontece quando o sequestro é realizado por um dos genitores.

A Convenção de Haia sobre os Aspectos Civis do Sequestro Internacional de Crianças é um acordo internacional cujo objetivo é evitar que uma criança seja levada para outro país sem o consentimento de um dos genitores ou que ela saia

1 O Decreto n. 3.416, de 14 de abril de 2000, promulgou a Convenção sobre os Aspectos Civis do Sequestro Internacional de Crianças, concluída na cidade de Haia, em 25 de outubro de 1980.

temporariamente do seu país e não retorne na data combinada. Essa convenção cria um sistema de cooperação internacional entre as autoridades centrais de cada país signatário, com a intenção de garantir a rápida restituição da criança ao lugar de sua residência habitual, e, no Brasil, a Advocacia-Geral da União (AGU) tem o papel de zelar pela sua aplicação.

Segundo relatos do órgão, apenas no ano de 2022, teriam sido solucionados 27 casos de subtração internacional de crianças e, desse total, 17 foram resolvidos mediante conciliações. Em outros dez casos, a AGU garantiu o cumprimento da Convenção Internacional de Haia por meio sentenças favoráveis ao retorno de crianças subtraídas ilegalmente.

Em um dos casos resolvidos recentemente, os pais exerciam guarda compartilhada de duas crianças na Alemanha, onde a família residia, mas a genitora viajou com as menores para o Brasil e não retornou em outubro de 2021, conforme era combinado, retendo as crianças até dezembro de 2022. Diante disso, o pai pediu auxílio brasileiro para garantir o retorno das menores e a AGU, juntamente com os advogados das partes, elaborou um acordo que foi homologado pelo poder judiciário, pelo qual as crianças retornariam em janeiro de 2023 para a Alemanha, onde estudam, voltando ao Brasil durante as férias escolares, para ficar com a genitora.

Há casos em que as partes não conseguem chegar a um acordo, situação em que a AGU atua para garantir o retorno dos menores da melhor maneira possível. Recentemente, o órgão conseguiu reverter uma decisão e repatriar um adolescente para seu país de origem, a Bélgica, após sete anos de disputa judicial. A entrega do menor foi feita de maneira voluntária, evitando, assim, o uso de força policial e, consequentemente, maiores traumas psicológicos para o menino (AGU, 2023).

GUARDA DE ANIMAIS DE ESTIMAÇÃO

Hoje em dia, os animais de estimação fazem parte da vida e da família das pessoas, sendo, muitas vezes, considerados como filhos por seus tutores, estimando-se em quase 50 milhões o número de pets no Brasil. Por esse motivo, a discussão acerca da guarda e do direito à visitação em casos de separação, divórcio ou dissolução de união estável tem chegado cada vez mais aos tribunais brasileiros, tendo o Superior Tribunal de Justiça (STJ) se pronunciado sobre essa questão em 2019, quando considerou ser possível a regulamentação judicial de visitas a animais de estimação, o que se constituiu em decisão até então inédita para um tribunal superior.

Por maioria de votos, foi confirmada a decisão proferida pelo Tribunal de Justiça de São Paulo (TJSP) que fixou regime de visitas para que o ex-companheiro pudesse conviver com uma cadela yorkshire adquirida durante o relacionamento, e que ficou com a mulher depois da separação. Apesar de ter enquadrado os animais como bens semoventes, ou seja, suscetíveis de movimento próprio e passíveis de posse e propriedade, o órgão julgador concluiu que os bichos não podem ser considerados como meras "coisas inanimadas", merecendo tratamento peculiar em virtude das relações afetivas estabelecidas com os seres humanos.

O caso sob julgamento era o seguinte: um casal adquiriu uma cadela no ano de 2004, quando tinha uma união estável e, após o término da relação, em 2011, o animal ficou inicialmente com o homem, mas, tempos depois, passou a viver com a mulher, que o impediu de visitar o animal, causando "intensa angústia" ao ex-companheiro. Assim, foi proposta por ele uma ação judicial de regulamentação de visitas, tendo a sentença considerado que o animal não poderia se equiparar às relações familiares existentes entre pais e filhos, concluindo não ser possível regular, por via judicial, a visitação.

Em grau de recurso, o tribunal acolheu o pedido do homem e fixou as visitas em finais de semana alternados, feriados prolongados e festas de final de ano, o que foi mantido pelo STJ, tendo o relator ponderado que atualmente é preciso refletir se esses animais de companhia devem ser tidos como simples coisas (inanimadas) ou se merecem tratamento diferenciado, ainda mais diante do atual conceito de família e de sua função social.

Durante o julgamento, foi mencionada a recente pesquisa do Instituto Brasileiro de Geografia e Estatística (IBGE)[1] que revela existirem mais cães e gatos em lares brasileiros do que crianças, não se podendo desprezar o relevo da relação do homem com seu bicho, negando o direito dos ex-companheiros de visitar ou de ter consigo o seu cão, desfrutando do seu convívio.

1 REsp 1944228(2021/0082785-0 de 07/11/2022).

Essas questões de guarda e pensão alimentícia de pets têm chegado diuturnamente aos tribunais e, apesar de ainda não haver lei que trate diretamente dessas questões, há os Projetos de Lei (PL) n. 1.058/2011 e n. 1.365/2015, que visam à possibilidade da guarda do animal de estimação em casos de dissolução litigiosa entre os seus donos, e o PL n. 542/2018, autorizando que o juiz discipline a guarda compartilhada dos pets nas ações que visam dissolver matrimônio ou união estável.

Esse último projeto pretende alterar o Código de Processo Civil (CPC), aplicando-se as normas do direito das famílias aos processos contenciosos de custódia de animais de estimação, instituindo a competência das Varas de Família para decidir sobre o compartilhamento de custódia, bem como o dever de contribuir com as despesas de manutenção do animal.

Mais recentemente,[2] chegou ao STJ o processo de um ex-casal que, enquanto vivia em união estável, adquiriu dois animais de estimação, mas ao fim do relacionamento a mulher ingressou com uma ação de cobrança, obrigando o ex-companheiro a dividir as despesas com alimentação, petshop e outros cuidados com os pets. O TJSP deu ganho de causa à mulher, fixando-lhe uma indenização no valor de R$ 20 mil pelos gastos que teve no passado, além do pagamento mensal de R$ 500 para a manutenção dos animais.

O homem apresentou recurso alegando que após a separação não teve mais vínculo afetivo com os animais e que não podia

2 REsp n. 1.944.228 – SP.

ser obrigado a pagar pensão para eles, ressaltando que a ex-companheira é a tutora dos cachorros e que não tem recursos para custear as despesas dos animais. Iniciado o julgamento, o ministro Villas Bôas Cueva, relator do feito, votou no sentido de haver a obrigação conjunta de sustento do animal, já que ele foi adquirido pelo casal, mas o ministro Marco Bellize entendeu que a pretensão de cobrar os custos está prescrita, pois deveria ter sido feita três anos após o fim do relacionamento, destacando também a falta de vínculo afetivo com os animais e a ausência dos cachorros na partilha da separação. Ao final, prevaleceu o entendimento de que "não é possível aplicar por analogia as disposições acerca da pensão alimentícia, baseada na filiação e regida pelo Direito de Família, aos animais de estimação adquiridos durante união estável".

Na ocasião, reafirmou-se o entendimento de que os direitos relacionados aos animais de estimação são aqueles previstos pelo direito de propriedade e das coisas e que a aquisição de animal de estimação durante a constância da união estável não representa a permanência de um vínculo obrigacional indissolúvel entre os companheiros.

Para o STJ, durante a união estável, as despesas podem e devem ser partilhadas entre os companheiros, mas, posteriormente à dissolução da união estável, esta obrigação não necessariamente subsiste, podendo ser flexibilizada mediante o que fora estabelecido entre as partes, o que não exige nenhuma formalidade, ainda que ela seja aconselhável. Se, com o término da relação, as partes acordarem comumente que o animal de estimação ficará com um deles, este passará a ser seu único dono, devendo, por consequência, arcar com as despesas de forma individual.

Portanto, o tribunal decidiu que a obrigação de custear as despesas de subsistência dos animais de estimação possui parâmetros próprios, que recaem sobre o companheiro responsável por ficar com o animal, com base no direito de propriedade (direito das coisas).

POSSO VIAJAR COM MEU FILHO PARA O EXTERIOR SEM AUTORIZAÇÃO DO OUTRO GUARDIÃO?

Como já dissemos anteriormente, em qualquer modalidade de guarda, os pais possuem o poder familiar em relação ao filho, sendo seus representantes legais, razão pela qual, em regra, deverá haver a autorização de ambos os genitores para que o filho viaje para o exterior. Caso não seja possível obter a autorização de um deles, seja por motivo de ausência, doença ou recusa propriamente dita, o menor, representado pelo guardião, deverá obter essa autorização judicialmente, para que ele possa viajar para o exterior.

Em viagens internacionais, quando o menor estiver viajando sozinho ou na companhia de apenas um dos genitores, será necessária autorização dos pais ou do outro genitor, com firma reconhecida ou por escritura pública, conforme dispõe a Resolução n. 131/2011 do Conselho Nacional de Justiça (CNJ), mas isso é dispensado quando no passaporte conste expressamente a autorização para que o menor de 16 anos viaje sem a companhia dos pais ao exterior.

Se o menor de 16 anos estiver em companhia de terceiros maiores e capazes, designados pelos genitores, deverá haver expressa autorização de ambos os pais, com firma reconhecida.

Quando as crianças ou adolescentes forem brasileiros residentes no exterior, detentores ou não de outra nacionalidade, fica dispensada a autorização judicial para que viajem de volta ao país de residência nas seguintes situações: em companhia de um dos genitores, independentemente de qualquer autorização escrita; e desacompanhado ou acompanhado de terceiro maior e capaz designado pelos genitores, desde que haja autorização escrita dos pais, com firma reconhecida.

A comprovação da residência da criança ou adolescente no exterior será feita mediante Atestado de Residência emitido por repartição consular brasileira há menos de dois anos.

Deverá haver a autorização de ambos os genitores para que o filho viaje para o exterior, mas caso não seja possível obter a autorização de um deles, o menor, representado pelo guardião, deverá obter essa autorização da Justiça.

PERGUNTAS E RESPOSTAS

1) Em que consiste a guarda de filhos?

A guarda de filhos consiste em cuidados, vigilância, responsabilidade e proteção dos filhos menores, adolescentes e incapazes. A guarda é dever de ambos os pais, que devem resguardar os interesses dos filhos, mantendo os necessários zelo e vigilância nas questões escolares, psicológicas, médicas, sociais etc. O dever de guarda é de fundamental importância e não pode ser dispensado nem mesmo quando os genitores mantêm um relacionamento beligerante entre si, devendo ambos zelar para que crianças e adolescentes convivam de forma harmônica e saudável com os genitores.

2) Qual é a diferença entre guarda e direito de visitação?

A guarda se refere à tomada de decisões sobre a vida de crianças e adolescentes, enquanto o direito de visitação e convivência têm relação com o tempo que cada um dos genitores passa com eles.

3) Quais são os tipos de guarda existentes no Brasil?

Apesar de a lei brasileira só prever a guarda unilateral e a guarda compartilhada, duas outras modalidades têm sido utilizadas com alguma frequência no Brasil: a guarda de nidação ou aninhamento e a guarda alternada.

4) O que é guarda unilateral?

A guarda é unilateral quando apenas um dos genitores tem a responsabilidade de tomar as decisões importantes sobre a vida dos filhos, enquanto o outro mantém o direito de visitar, conviver e supervisionar as decisões, havendo, também, a obrigação de contribuir para o seu sustento, por meio do pagamento da pensão alimentícia.

5) O que é guarda compartilhada?

A guarda compartilhada é a modalidade de guarda tornada regra no Brasil e significa que ambos os genitores têm, conjuntamente, o exercício das responsabilidades e das decisões sobre os filhos, de forma a ofertá-los um convívio harmônico e próximo com os pais.

Muitos casais que têm um relacionamento ruim tendem a apresentar grande resistência à guarda compartilhada, mas não é necessário que ambos se relacionem bem para que ela seja adotada, sendo uma forma de se diminuir a prática de alienação parental, pois evita o excesso de poder de um dos genitores, muitas vezes criado pela guarda unilateral, uma vez que ambos os pais têm o direito de zelar pelos interesses dos filhos.

A partir da vigência da Lei n. 13.058/2014, a guarda compartilhada foi adotada como regra, mas ela será determinada pelo juízo levando-se em conta o melhor modelo para cada família, a partir da análise das especificidades que envolvem a relação entre pais e filhos para concluir qual é o melhor interesse da criança, o que, em situações muito especiais, pode ser a guarda unilateral.

Foi promulgada a Lei nº 14.713, de 30 de outubro de 2023, para estabelecer o risco de violência doméstica ou familiar como causa que impede o juiz de fixar a guarda compartilhada, impondo ao magistrado o dever de, antes de decidir quem terá a guarda dos filhos, perguntar ao Ministério Público e as partes envolvidas sobre situações de violência doméstica ou familiar e, na hipótese de haver riscos, deverá conceder a guarda unilateral.

6) Na guarda compartilhada, os filhos devem morar metade do tempo com um dos genitores e a outra metade com o outro?

Apesar de essa ser uma confusão muito comum, isso não reflete a verdade. A guarda compartilhada não significa que os filhos devam passar metade da semana na casa de cada um dos genitores ou que desfrutem do mesmo período com ambos os pais, já que a criança poderá morar com um deles, tendo o outro livre acesso a ela, sendo o objetivo maior o bem-estar e o crescimento saudável dos menores.

Na guarda compartilhada não há, necessariamente, a alternância física do filho entre as casas do pai e da mãe, pois isso constitui a modalidade de guarda alternada, e não de guarda compartilhada.

Em recente decisão do Superior Tribunal de Justiça (STJ), foi acolhido o entendimento de que a guarda compartilhada impõe o compartilhamento de responsabilidades, não se confundindo com a custódia física conjunta da prole ou com a divisão igualitária de tempo de convivência dos filhos com os pais.

Tendo em vista que a prioridade deve ser sempre o bem-estar das crianças, é fundamental buscar fórmulas que melhor atendam aos seus interesses, e em geral entende-se que isso passe pelo estabelecimento de uma residência de referência para elas, garantindo assim uma rotina de estabilidade para que travem, de forma mais fácil, relações sociais com o seu entorno.

7) O que é a guarda de nidação ou de aninhamento?

Nessa modalidade de guarda, não prevista expressamente no Brasil, mas utilizada em certos casos, os filhos permanecem na mesma moradia, possuindo um lar fixo, enquanto os pais se revezam alternadamente. Uma das maiores dificuldades desse tipo de modelo são os custos de se manter três casas: uma para as crianças e uma para cada genitor.

8) O que é a guarda alternada?

Na guarda alternada, há uma distribuição do tempo que as crianças ficarão com cada genitor e a guarda será exclusiva de quem estiver com os menores naquele momento, mas essa modalidade vem encontrando grande resistência no poder judiciário e no Ministério Público, especialmente porque ela não tem previsão no direito brasileiro e por ser considerada, por alguns, como inadequada para os filhos, por impedir que as crianças tenham uma residência de referência e, por consequência, uma rotina, tão importante para o desenvolvimento saudável.

9) Em quais tipos de guarda há a obrigação de pagamento de pensão alimentícia?

No que se refere à pensão alimentícia, independentemente do tipo de guarda, poderá haver a necessidade de seu pagamento, já que, mesmo com a separação do casal, a obrigação de sustentar os filhos é de ambas as partes, na proporção das possibilidades financeiras de cada um e das necessidades da criança ou adolescente. Assim, havendo diferença de renda entre os genitores que justifique o equilíbrio das contas, a pensão alimentícia poderá ser estipulada.

Quando há a guarda alternada, as despesas exclusivas dos menores, como educação e saúde, serão divididas entre os pais, na proporção de seus ganhos, e as despesas que não são exclusivas, como a moradia dos genitores, serão pagas individualmente.

10) Se aquele que tem a guarda dos filhos se casar novamente ou constituir união estável, ele perderá o direito à guarda?

Não. Há muita mística em torno do novo casamento ou união estável daquele que tem a guarda dos menores ou incapazes, por isso é importante registrar que, em regra, o pai ou a mãe que se casar novamente não perderá a guarda dos filhos, nem será modificada a modalidade da guarda, desde que os filhos sejam bem tratados após o novo matrimônio ou união estável.

11) A guarda compartilhada é sempre obrigatória?

Não. A guarda compartilhada passou a ser a regra, mas ela não é obrigatória, devendo o juiz sempre levar em consideração as peculiaridades do caso concreto para decidir qual guarda é a mais adequada, além de ser possível que um dos genitores renuncie à guarda compartilhada, não tenha condições de gerir a vida do filho (por exemplo, em casos de alcoolismo ou vício em drogas) ou haja risco de violência doméstica, sendo deferida então a guarda unilateral ao outro genitor. Contudo, não é possível que um dos pais proíba o outro de ter a guarda dos filhos por mero capricho ou em razão do motivo da separação, já que, em regra, ambos são igualmente responsáveis pelos filhos.

O artigo 1.584, § 2º, do Código Civil diz que "quando não houver acordo entre a mãe e o pai quanto à guarda do filho, encontrando-se ambos os genitores aptos a exercer o poder familiar, será aplicada a guarda compartilhada, salvo se um dos genitores declarar ao magistrado que não deseja a guarda da criança ou do adolescente ou quando houver elementos que evidenciem a probabilidade de risco de violência doméstica ou familiar".

12) É possível ser fixada a guarda compartilhada quando os pais residem em cidades diferentes?

A guarda compartilhada é a regra em termos de guarda dos filhos e, portanto, ela deve ser fixada mesmo quando os pais morarem em cidades diferentes e distantes. Essa regra deve ser observada porque esse regime não exige a permanência física do menor em ambas as residências.

13) É possível ser mantida a guarda compartilhada quando um dos genitores mora no exterior?

Uma das questões mais tormentosas relacionadas à guarda compartilhada se refere à mudança de um dos pais para outro país. Essa questão chegou ao Superior Tribunal de Justiça (STJ) que entendeu que seria possível a mudança, pois a guarda compartilhada não exige a custódia física conjunta da criança, motivo pelo qual é possível que esse regime seja fixado, mesmo que os pais morem em países diferentes.

14) O que é a guarda compartilhada com residências alternadas?

A guarda compartilhada com residências alternadas consiste em haver o compartilhamento da gestão da vida dos filhos entre ambos os genitores, bem como a alternância da custódia física deles. Portanto, as crianças residem parte do tempo com um genitor e parte do tempo com o outro, mas durante todo o tempo estes precisam decidir conjuntamente sobre a vida dos filhos comuns.

Para aqueles que defendem essa modalidade de guarda, haveria um convívio equânime dos pais com seus filhos, mas há vasta crítica contra esse modelo de guarda e custódia compartilhada, por não respeitar a necessidade das crianças de terem suas rotinas preservadas, transformando-as em crianças nômades ou, como são mais comumente chamadas, "crianças-mochila".

15) Meu ex-marido tem uma situação financeira muito mais confortável que a minha e, por essa razão, está ameaçando pedir a guarda unilateral dos meus filhos, dizendo que ele tem melhores condições de criá-los. Isso procede?

Não. O juiz, ao analisar a questão da guarda, terá sempre como objetivo o melhor interesse das crianças, observando se elas estão sendo bem cuidadas pelo guardião, não sendo a pobreza, por si só, razão para alterar a guarda dos filhos.

16) Quais seriam algumas situações que podem levar a pessoa a perder a guarda dos filhos?

Quando o genitor é alcóolatra ou viciado em drogas, pode vir a perder a guarda dos filhos, pois essa condição dificulta a gestão da rotina e dos interesses dos menores, adolescentes ou incapazes.

Morar em situação de risco, como um prédio com perigo de desabamento ou ambiente de violência extrema (desde que o outro genitor tenha condições de obter a guarda), além de suspeita da prática de violência, maus tratos ou abuso sexual contra as crianças são motivos suficientes para a mudança da guarda.

17) Se eu estiver devendo pensão alimentícia, perco o direito a guarda dos meus filhos?

Não, questões relacionadas à pensão alimentícia não afetam a guarda nem o direito de convivência com os filhos.

18) As partes podem decidir a modalidade da guarda dos filhos de modo particular ou é necessário haver a homologação por um juiz de direito?

A decisão sobre a guarda de filhos deverá sempre contar com a presença de um juiz, ou seja, mesmo que as partes concordem sobre a modalidade de guarda, esse acordo precisará ser homologado pelo poder judiciário.

19) A decisão sobre a guarda dos filhos é definitiva ou pode ser revista?

Qualquer tipo de guarda pode ser revista a qualquer tempo por uma das partes, por ambas as partes ou pelo Ministério Público, caso o órgão entenda que seja desaconselhável a permanência da criança ou do adolescente com o detentor da guarda.

20) Filhos adolescentes podem decidir com qual dos genitores preferem ficar?

Não está fixada na lei a idade a partir da qual a criança ou adolescente pode opinar sobre qual dos genitores terá sua guarda ou sua custódia física, mas muitos juízes vêm ouvindo os maiores de 12 anos nessas situações, o que não significa que seu desejo será acatado, já que há várias questões que devem ser analisadas pelo juiz para zelar pelo bem-estar do menor, além de não ser incomum que esses menores estejam fortemente influenciados por um dos genitores.

REFERÊNCIAS

ADVOCACIA-GERAL DA UNIÃO – AGU. AGU garantiu a solução de 27 casos envolvendo a subtração internacional de menores em 2022. *Portal gov.br*, 30 jan. 2023. Disponível em: https://www.gov.br/agu/pt-br/comunicacao/noticias/agu-garantiu-a-solucao-de-27-casos-envolvendo-a-subtracao-internacional-de-menores-em-2022. Acesso em: 11 set. 2023.

ASSESSORIA DE COMUNICAÇÃO DO IBDFAM. Justiça de São Paulo considera vontade de adolescente e nega pedido do pai por guarda compartilhada. *IBDFAM*, 29 set. 2022. Disponível em: https://ibdfam.org.br/noticias/10099/Justi%C3%A7a+de+S%C3%A3o+Paulo+considera+vontade+de+adolescente+e+nega+pedido+do+pai+por+guarda+compartilhada.

ASSESSORIA DE COMUNICAÇÃO DO IBDFAM. PL pretende substituir "direito de visitas" por "direito de convivência familiar" no Código Civil. *IBDFAM*, 30 maio 2023. Disponível em: https://ibdfam.org.br/noticias/10830/PL+pretende+substituir+%22direito+de+visitas%22+por+%22direito+de+conviv%C3%AAncia+familiar%22+no+C%C3%B3digo+Civil. Acesso em: 11 set. 2023.

CONSELHO NACIONAL DE JUSTIÇA – CNJ. CNJ Serviço: Saiba como funcionam as regras para guarda dos filhos.

Jusbrasil, 2016. Disponível em: https://www.jusbrasil.com.br/noticias/cnj-servico-saiba-como-funcionam-as-regras-para-guarda-dos-filhos/344472473. Acesso em: 11 set. 2023.

DA CUNHA PEREIRA, R. Como calcular a pensão alimentícia nos casos de guarda compartilhada? *Rodrigo da Cunha*, 26 ago. 2021. Disponível em: https://www.rodrigodacunha.adv.br/como-calcular-a-pensao-alimenticia-nos-casos-de-guarda-compartilhada/. Acesso em: 11 set. 2023.

DINIZ, M. H. Código civil anotado. 16. ed. São Paulo: Saraiva, 2012.

ESPÍNDOLA, D. Saiba quais as consequências legais caso pais, mães ou responsáveis legais não vacinem as crianças contra a covid-19. *Portal da Defensoria Pública do Estado do Rio Grande do* Sul, 3 fev. 2022. Disponível em: https://www.defensoria.rs.def.br/saiba-quais-as-consequencias-legais-caso-pais-maes-ou-responsaveis-legais-nao-vacinem-as-criancas-contra-a-covid-19. Acesso em: 11 set. 2023.

FOUREAUX, R. A guarda de filhos e as consequências do descumprimento do acordo ou decisão judicial que regula a visita. *Meu Site Jurídico*, 29 jul. 2019. Disponível em: https://meusitejuridico.editorajuspodivm.com.br/2019/07/29/guarda-de-filhos-e-consequencias-descumprimento-acordo-ou-decisao-judicial-que-regula-visita/. Acesso em: 11 set. 2023.

FROES, T. A. M. Guarda compartilhada como forma de prevenção da alienação parental. *Migalhas*, 8 mar. 2021. Disponível em: https://www.migalhas.com.br/depeso/341281/guarda-compartilhada-como-forma-de-prevencao-da-alienacao-parental. Acesso em: 11 set. 2023.

MARQUES, F. Artigo analisa decisões do STF sobre vacinação obrigatória. *Fiocruz Brasília*, 30 ago. 2022. Disponível em: https://www.fiocruzbrasilia.fiocruz.br/artigo-analisa-decisoes-do-stf-sobre-vacinacao-obrigatoria/. Acesso em: 11 set. 2023.

MONTEIRO, W. B.; SILVA, R. B. T. *Curso de Direito Civil: direito de família*. 43. ed. São Paulo: Saraiva, 2016.

NIGRI, T. *União estável*. São Paulo: Blucher, 2020.

NIGRI, T. *Divórcio*. São Paulo: Blucher, 2022.

NIGRI, T. *Pensão alimentícia*. São Paulo: Blucher, 2023.

SUPERIOR TRIBUNAL DE JUSTIÇA – STJ. O empenho da Justiça para evitar os danos da alienação parental. *Portal do STJ*, 9 jun. 2019. Disponível em: https://www.stj.jus.br/sites/portalp/Paginas/Comunicacao/Noticias-antigas/2019/O-empenho-da-Justica-para-evitar-os-danos-da-alienacao-parental.aspx. Acesso em: 11 set. 2023.

SUPERIOR TRIBUNAL DE JUSTIÇA – STJ. Guarda compartilhada não impede mudança da criança para o exterior, define Terceira Turma. *Portal do STJ*, 7 fev. 2023. Disponível em: https://www.stj.jus.br/sites/portalp/Paginas/Comunicacao/Noticias/2023/07022023-Guarda-compartilhada-nao-impede-mudanca-da-crianca-para-o-exterior--define-Terceira-Turma.aspx. Acesso em: 11 set. 2023.

VAN DAL, S. L. V.; BONDEZAN, D. T. A lei de guarda compartilhada obrigatória (lei 13.058/2014) e os efeitos para a formação da criança. *IBDFAM*, 5 jun. 2019. Disponível em: https://ibdfam.org.br/artigos/1339/A+lei+de+guarda+compartilhada+obrigat%C3%B3ria+(lei+13.0582014)+e+os+efeitos+para+a+forma%C3%A7%C3%A3o+da+crian%C3%A7a+. Acesso em: 11 set. 2023.

VERBO JURÍDICO. STJ decide que risco potencial ao menor basta para ação por abandono de incapaz. *Verbo Jurídico*, 6 dez. 2022. Disponível em: https://blog.verbojuridico.com.br/stj-decide-que-risco-potencial-ao-menor-basta-para-acao-por-abandono-de-incapaz/. Acesso em: 11 set. 2023.